RIVIERENLAND

JAN VAN DE KAM

RIVIERENLAND

PLANT, DIER EN MENS IN HET GEBIED VAN RIJN, MAAS, WAAL EN IJSSEL

Uitgeverij Ploegsma Amsterdam

ISBN 90 216 0046 3

Copyright © Jan van de Kam, Griendtsveen, 1975
Vormgeving: Jan van de Kam en Jean Eybergen
Lithografie en druk: Drukkerij de Lange/van Leer BV, Deventer
Bindwerk: Binderij Callenbach BV, Nijkerk

De eerste oplaag van deze uitgave werd onder auspiciën van
de CPNB uitgegeven als 'Boek van de Maand'

Inhoud

Onder: De Oude Maas, een afgesneden Maasbocht, bij Megen
Rechts: De Lek bij de Grebbeberg

Rivierenland

Waarom dit boek?

Sinds Jac. P. Thijsse in 1937 het Verkade-album 'Onze groote Rivieren' schreef, is er geen boek meer verschenen dat dit typisch Nederlandse landschap in zijn geheel omvat. Wel is er sedertdien veel gepubliceerd over allerlei facetten ervan: de historie, de geologie, de planten- en de dierenwereld. Al deze publicaties, voor het merendeel artikelen in natuur- en vaktijdschriften, maken duidelijk hoe ongekend rijk en gevarieerd het rivierengebied wel is.

Het landschap dat in 'Onze groote Rivieren' wordt geschilderd, is ontstaan in een harmonisch samenspel tussen mens en natuur. Veel van onze 'vaderlandse geschiedenis' heeft zich afgespeeld in nauw contact met de stromen. Naarmate er meer mensen langs de oevers kwamen wonen, werden de wispelturigheden van de rivier - overstromingen in natte, onbevaarbaarheid in droge tijden - minder getolereerd en zon de mens op middelen om die beter te beteugelen en de loop te stroomlijnen. De rivier vervulde vroeger meer functies dan nu. Als handels- en vaarweg was zij naar verhouding veel belangrijker en een groot aantal handelssteden danken er hun ontstaan en glorie aan. Haar voormalige grensfunctie komt tot uiting in de lange rij vestingen en sterkten en vanzelfsprekend was ook de rol als water- en voedselleverancier van grote betekenis. In dromerige stadjes, oude dijktrajecten en dode waterlopen kunnen we ook nu nog vaak iets van die historie terugvinden. Griendwerkers, kooikers en vissers zullen spoedig tot de historie van de rivier behoren, maar schippers en boeren blijven nog steeds een krachtig stempel drukken op de hele streek. Terugzien op het rivierengebied uit Thijsse's album kan niet zonder weemoed, want het landschap is er in de laatste veertig jaar niet beter op geworden. De activiteiten van de mens hadden zich daarvóór beperkt tot strikt noodzakelijke ingrepen. Het rivierenland wordt nu echter overal aangetast door ál te krachtdadig menselijk ingrijpen. Daardoor dreigen we niet alleen prachtige natuurgebieden te verliezen, het hele evenwichtige cultuurlandschap langs de rivieren staat op het spel. Op veel plaatsen is het nog buitengewoon gaaf en door zijn uitgestrektheid extra waardevol. Er valt nog veel te zien: de fleurige begroeiing van dijkhellingen en uiterwaarden, het rijke vogelleven, de veelsoortige landschappen die zich daar hebben ontwikkeld, zoals de Biesbosch, de dode armen (waarin vaak meer leven is te vinden dan in de levende rivier) en de door mensenhanden gemaakte wielen, kleiputten en dijken.

Door zijn ligging in het midden van het land is het rivierengebied zonder veel moeite te bereiken en overal voor iedereen gemakkelijk toegankelijk, omdat het door berijdbare dijken en een uitgebreid wegennet goed is ontsloten.

Zo'n groot gebied beschermen tegen van allerlei kanten oprukkende bedreigingen, zoals watervervuiling, ruilver-kavelingen, recreatieprojecten, bochtafsnijdingen en dijk-verzwaringen, is bijzonder moeilijk. Protesten tegen al die aanslagen op natuur en landschap zijn weinig effectief gebleken, als ze niet worden gesteund door een groot aantal mensen die zich bewust zijn van de waarden die verloren dreigen te gaan. Daarom vooral is dit boek geschreven. Het laat niet alleen zien hoe de Lage Landen en de rivieren samen zijn ontstaan, hoe mens en rivier in voorbije eeuwen als twee ongeveer even sterke partners samen het landschap vorm hebben gegeven, maar vooral hoe zich in dit evenwichtige geheel een boeiende gemeenschap van planten en dieren heeft gevestigd. Kortom, hoe mensen, landschap, flora en fauna door een netwerk van betrekkingen met elkaar zijn verbonden. De verstoring van een enkel facet in deze onderlinge samenhang kan vér-strekkende gevolgen hebben.

Het landschap van de rivier

Natuurlijke en kunstmatige grenzen

Onze grote rivieren behoren voor het grootste gedeelte
tot de laaglandrivieren. Buiten ons land zijn er in West-Europa
niet veel meer van te vinden, zodat we er heel zuinig op zouden
moeten zijn. Van nature bewegen zulke benedenrivieren zich
nogal vrij door het vlakke land, maar door bedijkingen
heeft de mens die vrijheid in de loop van eeuwen sterk in-
getoomd. Recente veranderingen in de rivierlopen zijn ook door
de mens teweeggebracht of in elk geval begeleid. Het zo
door mens en natuur samen gevormde landschap is er niet
minder boeiend om, al gaat het menselijk ingrijpen in de laatste
halve eeuw steeds meer overheersen.
Door deze dijken heeft de rivier een duidelijke begrenzing
gekregen. In de winter komt het rivierwater bij hoge waterstanden
ook wel eens tot de teen van deze bandijken. Soms stroomt
het zelfs langs het glooiende buitenbeloop en een hoogst
enkele keer stijgt het tot aan de kruin. Maar het grootste deel
van het jaar is de waterstand zo laag dat alleen het door kribben
gemarkeerde zomerbed gevuld wordt. De meer of minder

brede strook grasland tussen de bandijk en de rivier, uiterwaard
genoemd, kan dan ook het grootste deel van het jaar door de
boer gebruikt worden. Delen van deze uiterwaard worden
tegen geringe stijging van het water beveiligd door lage dijkjes,
zomerkaden genoemd.
Rivierenland omvat echter heel wat meer dan deze uiterwaarden,
ook al zijn dat zeer belangrijke onderdelen ervan. Door hun
beweeglijkheid hebben de rivieren een belangrijke invloed gehad
op een veel groter stuk van het landschap dan ze nu bestrijken,
maar in veel gevallen is het moeilijk te zeggen waar de rivierinvloed ophoudt. Als men ver genoeg teruggaat in de aard-
geschiedenis, blijkt dat zelfs de hoge gronden van de Veluwe,
de Utrechtse Heuvelrug, Montferland en het Rijk van Nijmegen
hun ontstaan aan rivieren te danken hebben, maar op dit
moment vormen ze, evenals de hoge zandgronden in Brabant,
heel mooie natuurlijke begrenzingen van het rivierenland.
Voor een rivier als de Maas ligt de zaak veel gecompliceerder.
Op bladzijde 14 zullen we zien dat het grootste deel van Limburg
eigenlijk tot rivierenland mag worden gerekend.
In het oosten maakt de landsgrens het ons gemakkelijk om

Links: Waaldijk bij Waardenburg met een oude rivierloop
Onder: Dezelfde situatie in de winter bij bijzonder hoge waterstand
vier jaar later. De knotwilgen op de voorgrond zijn intussen kaprijp

het rivierengebied af te perken. In het westen is dat heel wat minder eenvoudig, want het is niet duidelijk vast te stellen waar de rivier in zee overgaat. De grens wordt er nogal vervaagd door de getijdebeweging, die tot gevolg heeft dat de twee punten, waardoor de overgang van zee naar rivier wordt gekenmerkt, twee maal daags over grote afstand verschuiven. Die twee kenmerkende punten zijn de overgang van zoet naar zout water en de plaats waar het water nog zeewaarts stroomt. Sinds enkele mondingen van Rijn en Maas in het kader van de Deltawerken zijn afgesloten, hebben we daar een scherpe begrenzing gekregen: de dammen vormen een duidelijk eindpunt van de rivier. Het zeewater komt nu alleen nog via de Nieuwe Waterweg naar binnen, waardoor de eb- en vloed-beweging heel wat minder sterk en lang niet meer zo ver landinwaarts merkbaar is. Toch is ook nu nog iets van de getijde-beweging te zien bij de stuw van Lith in de Maas en bij die van Vreeswijk in de Lek. Maar om te zeggen dat daar al het getijdegebied begint, betekent toch wel de opoffering van een al te groot stuk rivierengebied! Rijkswaterstaat houdt bij zijn werkzaamheden een duidelijke grens aan: oostelijk van

Loevestein en Krimpen aan de Lek is het gebied van de boven-rivieren, ten westen daarvan beginnen de benedenrivieren. Dit lijkt voor ons ook een aardig bruikbare grens, maar het is jammer dat bij een strikte hantering ervan de Biesbosch net niet meer bij de rivieren hoort, en dat kan natuurlijk niet . . . Wat de termen 'boven' en 'beneden' betreft, deze zijn in het spraakgebruik langs en op de rivier ingeburgerd en ook niet mis te verstaan voor wie weet dat water altijd van boven naar beneden stroomt. Als u bovendien onthoudt dat als er gesproken wordt van linker- of rechteroever de blik altijd stroomafwaarts moet worden gericht, kan ook dat geen mis-verstanden geven.
Om nog even terug te komen op de begrenzing van rivierenland, die zal ook een beetje vaag moeten blijven bij het bepalen van de rivieren, die in aanmerking komen voor een rol in dit boek. Het belangrijkste zijn natuurlijk de 'grote rivieren'. Af en toe komen we ook wel bij kleinere terecht, niet alleen omdat die even boeiend zijn, maar vooral omdat ze dikwijls beter overzien kunnen worden en omdat er soms ook minder door mensenhanden aan veranderd is.

Kort signalement

De Rijn Eigenlijk zijn er maar twee hoofdrollen in dit verhaal: één voor de Maas, waarvan u op bladzijde 14 een kort signalement vindt, en één voor de Rijn. De andere stromen zijn zijtakken of armen van de Rijn, in alle opzichten onze grootste rivier. Die kwalificatie wordt niet alleen bepaald door de grote massa Rijnwater, maar van belang is vooral dat al dat water betrekkelijk gelijkmatig verdeeld is over de verschillende seizoenen. Dat komt doordat de Rijn zowel gletsjer- als regenrivier is. In de zomer is driekwart van het water afkomstig uit de Alpen; in de winter, als daar veel minder sneeuw en ijs smelten, voeren de talrijke zijrivieren in Midden-Europa zoveel regenwater aan dat de hoofdstroom royaal op peil blijft. Aan het eind van de winter wordt de aanvoer daardoor soms wel eens wat al te groot, maar perioden met te weinig water zijn bij de Rijn zeldzaam.
Rijn en Waal splitsten zich vroeger al meteen op het punt waar de rivier de grens over kwam, bij de tegenwoordige plaatsen Lobith en Tolkamer. Het dorp Tolkamer is voortgekomen uit het tolhuis dat hier in de dertiende eeuw werd gebouwd. In de loop van de tijd moest dat huis nogal eens verplaatst worden, want nergens gedroeg de Rijn zich zo wispelturig als juist hier bij zijn entree in het land. Meermalen werd de loop totaal verlegd, en ook het splitsingspunt van Waal en Rijn veranderde daarbij van plaats.
Bij die veranderingen verzandde de noordelijke tak steeds meer, waarom tussen 1701 en 1707 acht kilometer stroomafwaarts een geheel nieuwe aftakking werd gegraven, het Pannerdens Kanaal. De splitsing werd zo gemaakt dat eenderde deel van het water noordwaarts zou stromen. Daarvan vloeit onder Arnhem een klein gedeelte in de IJssel, de rest stroomt onder de naam Nederrijn langs het Veluwemassief westwaarts tot bij Wijk bij Duurstede. Vandaar wordt de naam Rijn verder gedragen door de Kromme Rijn, een waterloop die nu niet meer aanspreekt door zijn formaat, maar nog wel door het fraaie landschap langs zijn oevers. Waarschijnlijk was in de Romeinse tijd deze Rijntak de grootste, in elk geval strategisch de voornaamste, omdat de rivier van Dorestad tot Katwijk de grens van het keizerrijk vormde. Bovendien bood de zich bij het latere Utrecht afsplitsende tak de Vecht een verbinding met 'het gebied van de Friezen'.
Via de Vecht, maar vooral via wat nu de Oude Rijn heet, stroomde het Rijnwater naar zee. Hoeveel eeuwen deze tak nog van belang is geweest, is niet bekend. In elk geval was er in 1165 bij Wijk bij Duurstede een dam, misschien toen al een paar eeuwen oud. Sinds die tijd is de Lek de belangrijkste voortzetting van de Rijn. Of de Hollandse IJssel ooit een aanzienlijke tak is geweest, is ook niet meer na te gaan. De verbinding met de Lek was al in 1291 door een dam verbroken en momenteel is voor de scheepvaart alleen het benedengedeelte, van Gouda tot de Nieuwe Maas, van betekenis.
De IJssel De Gelderse IJssel heeft heel lang een grote vrijheid genoten tussen de hoge gronden aan weerszijden van het brede dal. Wel werd al in 1170 de Veluwse Bandijk aangelegd, maar door de bedijkingen werd de IJssel nog niet zo erg aan banden gelegd. In haar bedding kon de rivier nog ruime kronkels maken en deze naar believen ook weer verlaten en een nieuwe loop nemen. Verschillende grote en kleine wateren met namen als Lamme IJssel (bij Doesburg) en Oude IJssel (bij Deventer) zijn daarvan het landschapverfraaiende gevolg. Deze wispelturigheid werd vooral veroorzaakt door de zeer wisselende wateraanvoer. De aftakking bij Westervoort raakte meer en meer verzand, zodat de IJssel bij lage Rijnafvoer veel te weinig en bij hoge afvoer juist extra veel water kreeg. Als vaarweg werd de rivier steeds minder geschikt, tot grote schade van de handel in de IJsselsteden. Die hadden echter ernstige moeilijkheden met elkaar, zodat ze niet aan een gezamenlijke oplossing toekwamen.
Pas in 1775 werd, als een vervolg op het Pannerdens Kanaal, de aftakking bij Westervoort verbeterd en wel zo dat gemiddeld tien procent van het Rijnwater naar de IJssel vloeide. Maar ook daarna kreeg de rivier bij abnormaal hoge Rijnafvoer nog een onevenredig groot deel daarvan te verwerken, niet alleen via de aftakking bij Westervoort, maar ook door de overlaat bij Pannerden. Over dit opzettelijk lager gemaakte stuk dijk,

een soort veiligheidsklep dus, vloeide het water traag door de Liemers noordwaarts. Bij Doesburg kwam het weer in de IJssel en in de Oude IJssel terecht. Daarmee was dat Rijnwater weer op eigen terrein, want het dal waardoor de Oude IJssel nu stroomt, moet ooit gevormd zijn door een aftakking van de Rijn.

De Waal Het grootste deel van het Rijnwater stroomt vanaf Pannerden verder onder de naam Waal. Gemiddeld voert de Waal 1500 m³ water per seconde af (bij hoge waterstanden kan dat oplopen tot 8000 m³) en daarmee is hij onze diepste en vooral ook breedste rivier - tussen de kribben tweehonderd zestig meter, in het westen zelfs driehonderd vijftig meter breed. Vooral voor de scheepvaart is dat uiterst belangrijk: de Waal is veruit de drukste vaarweg, ook al omdat er nagenoeg geen scherpe bochten in voorkomen. De rivier is al lang gestroomlijnd: vier lastige bochten bij Zaltbommel werden er in de zeventiende eeuw uitgehaald. Aan die ingreep danken we nu nog een paar landschappelijk mooie dode armen.

Ook ten behoeve van de scheepvaart zijn er een aantal door-verbindingen met andere wateren gegraven: bij Nijmegen het Maas-Waalkanaal, bij Sint-Andries een tweede verbinding met de Maas, vanaf Tiel het Amsterdam-Rijnkanaal en vanaf Gorkum het Merwedekanaal. Bij Gorkum heet de rivier overigens geen Waal meer. Vanaf het punt 'waar Waal met Maas tesamen spoelt' (spoelden moet dat nu zijn) hebben we te maken met de Boven-Merwede. Tegenover Werkendam splitst die zich in de Beneden-Merwede en de Nieuwe Merwede. Deze laatste verbinding met het Hollands Diep werd in 1870 gegraven als onderdeel van een grootscheepse aanpak van de waterafvoer bij de Biesbosch. Vóór de afsluiting van het Haring-vliet ging het grootste deel van het Waalwater via deze Nieuwe Merwede naar zee, nu vooral via de Beneden-Merwede. Ook de schepen volgen voornamelijk de Beneden-Merwede

tot Dordrecht, vanwaar ze, afhankelijk van hun bestemming, via Noord en Nieuwe Maas of via de Oude Maas het Rijnmond-gebied bereiken.

De Linge Vergeleken met Rijn, Waal, IJssel en Maas is de Linge een kleine rivier, maar er zijn verschillende redenen om er veel aandacht aan te besteden. Hij stroomt midden door het land van de grote rivieren, het landschap erlangs is buitengewoon gaaf en van zijn grootse verleden - de Linge was eens een belang-rijke aftakking van de Waal - zijn nog overal langs de oevers de sporen te zien.

Bij Tiel moet vroeger de bovenmond zijn geweest. Deskundigen maken uit het stratenpatroon van deze stad op dat die eigenlijk meer gebouwd is langs deze Lingemond dan langs de Waal. Noordelijk van Tiel is nog een oude waterloop, die Dode Linge heet en de stad met de tegenwoordige Linge, een paar kilometer verderop, verbindt. Historische gegevens over deze Waaltak zijn er helaas nauwelijks en het is niet bekend wanneer de monding bij Tiel werd afgedamd.

Dat de Linge ooit een heel wat belangrijker stroom was, is overduidelijk langs de oevers te zien, vooral stroomafwaarts van Geldermalsen. Die plaats, en bij voorbeeld ook Beesd en Leerdam, zijn gebouwd op duidelijk herkenbare zandige ruggen die daar ooit moeten zijn afgezet door een veel krachtiger rivier, die in staat was grote hoeveelheden zand en slib te verplaatsen.

Op het ogenblik is de Linge een braaf riviertje, dat de afwatering verzorgt van vrijwel de hele streek tussen Waal en Lek, 70.000 hectaren groot. Daartoe is de vroegere loop nog een heel eind naar het oosten doorgetrokken, tot aan het Pannerdens Kanaal (waar ook water kan worden ingelaten). Ook een zijtak, de Korne, is door weteringen een heel stuk verlengd.

Omdat de hoeveelheid water die in de winter door deze afwatering moest worden verwerkt, toch nog groter bleek dan de bedding van de Linge aankon, is de loop in deze eeuw op veel plaatsen 'verbeterd', zodat het water sneller kon door-stromen. Aan verbetering van de afvoer werd trouwens al veel eerder gewerkt. Al in 1819 werd vanaf Gorkum het Kanaal van Steenenhoek gegraven, waardoor de rivier acht kilometer westelijker in de Merwede uitmondde. Op dat punt kon veel langer gespuid worden, omdat daar, door de sterkere getijde-beweging, langer een lage ebstand was dan aan de oude monding bij Gorkum. Door deze verlengingen links en rechts is de Linge ten slotte honderd acht kilometer lang geworden.

De Maas Van de negenhonderd kilometer tussen de bron
op het Franse Plateau van Langres en de zee legt de Maas er
gerekend tot de Amer tweehonderd tweeënvijftig af op Neder-
lands grondgebied. Daarmee is zij duidelijk onze langste
rivier. Niemand schijnt daar overigens trots op te zijn, want
er wordt regelmatig gewerkt aan een nog verdere verkorting
door nóg een bocht af te snijden. Heel precies kan de lengte
daarom niet worden opgegeven.

De juiste lengte is trouwens ook daarom al niet te geven, omdat
moeilijk te zeggen is hoe de Maasloop in het mondingsgebied
precies is en wás. Wat nu Afgedamde Maas heet, tussen de
Bommelerwaard en het Land van Heusden en Altena, is vóór
de afdamming in 1904 vermoedelijk niet 'altijd' de belangrijkste
Maasloop geweest. Die eer komt toe aan een tak, waarvan
als resten in het landschap alleen nog het Oude Maasje bij
Raamsdonksveer en de Binnengedijkte Maas bij Maasdam
zijn terug te vinden. Op welke manier de tegenwoordige
Oude Maas en Nieuwe Maas voortzettingen van die vroegere
Maasloop zijn, is nauwelijks meer te reconstrueren in dit
vele malen sterk veranderde mondingsgebied.

De wordingsgeschiedenis van de rivieren, zoals die op de
volgende bladzijden wordt geschetst, geldt in grote lijnen ook
voor de Maas vanaf Mook. De Limburgse Maas stroomt
langs hogere gronden, die veel ouder zijn en een heel ander
'verleden' hebben. De vorming van dit zogenaamde terrassenlandschap is al minstens een half miljoen jaar geleden begonnen.
Heel Noord-Limburg, maar ook het grootste deel van Brabant,
werd toen bedekt met wat de Maas (en ook de Rijn) aanvoerden.
Deze afzetting heet het hoogterras. In een latere periode heeft
de Maas hierin een breed dal uitgeschuurd en dat in een daaropvolgende opbouwperiode weer gedeeltelijk opgevuld met
een laag zand en grind. In deze laag, het middenterras, is daarop
een nieuw dal uitgeslepen, dat op zijn beurt weer is opgevuld
met afzettingen van het laagterras.

In dit laagterras heeft de Maas haar tegenwoordige, betrekkelijk
smalle dal gevormd. Dit dal is toch nog te breed voor de rivier,
die maar een smalle bedding benut, terwijl de rest van het dal
met jonge afzettingen is gevuld.

Uit de brede dalen tussen de terrassen blijkt al dat de Maas
steeds een erg beweeglijke rivier was. Ook gedurende de laatste
duizenden jaren heeft ze haar loop door de afzettingen van het
laagterras nog regelmatig sterk gewijzigd. Als bewijs daarvoor
vinden we in Noord-Limburg nog verschillende oude rivierarmen, vaak kilometers ver van de Maas vandaan. Deze Maas-
armen, waarvan het Broekhuizer Schuitwater wel de bekendste
is, hebben een veel hogere 'leeftijd' dan de oude rivierlopen
in de uiterwaarden langs de 'grote rivieren'.

Van de terrassen is in het Limburgse land wel wat terug te vinden,
maar verwacht niet dat steeds aan weerskanten van de rivier
de keurig opeenvolgende treden van jonge afzettingen, laag-,
midden- en hoogterras te zien zijn. Daarvoor zijn de oude
beddingen te breed, en bovendien is er in de loop van honderd-
duizenden jaren veel gebeurd waardoor de treden zijn verdoezeld.
Daarbij heeft vooral de wind een belangrijke rol gespeeld.

De Maas is een typische regenrivier, wat betekent dat de
wateraanvoer heel onregelmatig is en snel wisselt. In de zomer
is de waterstand soms maandenlang uiterst laag, terwijl er
in de winter vaak meer water was dan de bedding kon verwerken.
De gemiddelde afvoer bedroeg 300 m³ water per seconde,
maar de op verschillende momenten gemeten hoeveelheden
konden uiteenlopen van enkele kubieke meters tot bijna 3000 m³.
Zulke onregelmatigheden gaven natuurlijk nogal wat problemen,
zowel voor de scheepvaart als voor de oeverbewoners. Plannen
tot verbetering van de Maas bestonden dan ook al lang, maar
zijn pas in de loop van deze eeuw uitgevoerd. Meer over deze
grootscheepse ingreep leest u op bladzijde 28.

De Maas bij Gennep, gezien in zuidelijke richting, met aan beide zijden het heggenlandschap. Duidelijk zichtbaar is het begin van de werkzaamheden aan de bochtafsnijdingen

De rivieren als landschapsvormers

De vaderlandse bodem is voor een groot deel opgebouwd
uit materiaal dat door de rivieren is aangevoerd uit Europese
gebergten. Wanneer die opbouw begonnen is, is moeilijk
te zeggen omdat de eerste afzettingen diep begraven liggen
onder een dik pakket van jongere lagen.

Wanneer we een geologische verkenning beginnen bij de tijden
waarvan nu de sporen nog duidelijk in het landschap zichtbaar
zijn, hoeven we 'maar' tweehonderdduizend jaar terug, tot
in de voorlaatste ijstijd. In die periode was het zo koud dat
het landijs tot in onze streken doordrong. Daarbij bracht het
natuurlijk van alles uit het noorden mee, zoals zwerfstenen
en de bij dijkbouwers zo geliefde keileem, maar belangrijk
was vooral de 'indruk' die het langzaam voortgestuwde ijs
op ons land maakte. De bodem, bestaande uit al veel eerder
door rivieren aangevoerd zand en grind, werd op verscheidene
plaatsen door het ijs tot heuvels opgeduwd. Zo ontstonden
de Veluwe, de Utrechtse Heuvelrug, het Rijk van Nijmegen
en Montferland. Door de dalen tussen deze heuvels werd
na het terugtrekken van het landijs in grote lijnen vastgelegd
hoe Rijn en Maas voortaan naar zee zouden stromen.

De laatste ijstijd was in onze streken minder streng dan zijn
voorganger, maar toch had ook deze koude periode (die ongeveer
veertigduizend jaar duurde) diep ingrijpende gevolgen. Tijdens
een ijstijd worden grote massa's water als ijs op het land
geconcentreerd, wat een sterke daling van de zeespiegel
ten gevolge heeft. Daardoor raakte de zee een heel eind van
onze tegenwoordige kustlijn verwijderd en gedurende lange tijd
stond de Noordzee zelfs helemaal droog. Dat betekent dat we
hier toen geen 'traag door oneindig laagland gaande' benedenrivieren hadden, maar wilde stromen, die grote, maar sterk
wisselende watermassa's afvoerden. Zij brachten daarbij
onvoorstelbare hoeveelheden puin uit het gebergte mee en
lieten dat voor een groot deel in de Nederlandse rivierdalen
achter. Het IJsseldal was vóór de laatste ijstijd goed tachtig meter
dieper!

De aangevoerde puinmassa's waren zo groot dat ze regelmatig
de rivierbeddingen verstopten, waardoor de onstuimige stromen
weer een nieuwe weg moesten zoeken. Zulke rivieren, die
met een groot aantal zich steeds weer vertakkende en verenigende
geulen door een zeer brede bedding vol zand- en grindbanken
stromen, worden 'vlechtende' rivieren genoemd.

Ook aan het einde van de laatste ijstijd, in de betrekkelijk korte

overgangsperiode naar het tegenwoordige klimaat, gedroegen
Rijn en Maas zich in onze streken nog steeds als vlechtende
rivieren. De meeste sporen daarvan zijn later met dikke lagen
zand en slib bedekt, vooral in het lagere, westelijke deel van
het land. Naar het oosten toe wordt die bedekking steeds dunner
en zuidelijk van Nijmegen, in het Land van Maas en Waal,
zijn die oude rivierstelsels dicht onder de oppervlakte terug
te vinden.

Ook de wind speelde in en na de ijstijd een belangrijke rol.
In de droge tijd had hij vrij spel met het zand van de nauwelijks
met plantengroei bedekte toendravlakten en met de zandbanken in de rivierbeddingen. De wind blies het bijeen tot
grote groepen rivierduinen. Aan de oostkant van de Maas
in Noord-Limburg zijn deze met hei en dennen begroeide duinen
nu nog een waardevol onderdeel van het landschap.

Ook meer westwaarts werden ze gevormd, maar de meeste
daarvan zijn uit het gezicht verdwenen omdat ze zijn bedolven
onder latere rivierafzettingen. Op enkele plaatsen zijn de
hoogste toppen van dit oude duingebied nog zichtbaar als
zandige hoogten, soms een paar meter boven de omgeving
uitstekend. Een hele serie van deze 'donken' ligt ten noorden
van Gorkum, van Hoogblokland tot Hoornaar, en nog meer
naar het westen vindt men onder meer de Donk bij Brandwijk
en Hilligersberg.

Oorspronkelijk waren deze langs de rivier ontstane duinen meer
dan tien meter hoog. In achtduizend jaar tijd is eromheen

een bijna even dikke laag zand en klei afgezet door de rivieren, die in de loop van de tijd overigens steeds meer de invloed van de zee ondervonden. Met het milder worden van het klimaat smolten de ijskappen af en steeg de zeespiegel weer. Tegelijkertijd werden de rivieren wat minder woest: de af te voeren hoeveelheid water liep terug en werd minder onregelmatig, omdat de toenemende begroeiing een gelijkmatiger afvloeien van de neerslag bevorderde.

Het langzamer stromende water was niet meer in staat om grote hoeveelheden grof materiaal mee te voeren. Het voerde alleen nog zand en slib aan en de rivieren kregen een veel regelmatiger loop. Ze hielden zich meer aan een hoofdgeul, die daardoor dieper werd uitgeslepen en zich alleen nog wat zijdelings verplaatste, zodat steeds wijdere bochten werden gevormd. Officieel heet zo'n kronkelend verloop 'meanderen', naar de Meander, een rivier in Klein-Azië, die als schoolvoorbeeld van een slingerende rivier geldt. Onze voorvaderen hadden er eigenlijk een veel mooier woord voor: ze spraken van 'serpenterende' rivieren.

Zo'n vijfduizend jaar geleden schijnt de zee de strandwallen te hebben opgebouwd, waarop onze tegenwoordige duinenrij gefundeerd is, en daarmee werd in grote trekken de kustlijn vastgelegd. Achter de strandwallen ontstonden uitgestrekte moerassen, waarin dikke pakketten veen werden gevormd. Door openingen in de strandwal stroomden de verschillende riviertakken in de zee uit. De stijgende zeespiegel bemoeilijkte die afvoer steeds meer, de stroomsnelheid van de rivieren verminderde en daarmee ook het vermogen het meegebrachte zand en slib verder te vervoeren. Dat werd dan ook voornamelijk in de rivierbedding afgezet, waardoor die bedding steeds minder ruim werd en hogere waterstanden sneller overstromingen tot gevolg hadden.

Bij zo'n overstroming wordt het zwaardere zandige materiaal dat alleen door snelstromend water meegevoerd kan worden, meteen op de oevers gedeponeerd, omdat het overstromende water heel gauw zijn snelheid verliest. Zo ontstaan de oeverwallen, hoge zandige ruggen langs de stromen, een soort natuurlijke dijken. Bij hoge waterstanden worden die wallen steeds weer overstroomd en daarbij tegelijk een beetje verder opgehoogd met nieuw zand en zandige klei. Het water komt ten slotte tot rust in de laagten, de 'kommen' tussen de verschillende oeverwallenstelsels. In dat rustige water komen uiteindelijk ook de fijnste kleideeltjes tot bezinking, een rivierafzetting die als 'komklei' bekend staat.

In het westelijke rivierengebied, dicht bij de kust, ontstonden zo ook oeverwallen langs de door het veengebied stromende rivieren, maar smallere en opgebouwd uit klei, omdat de rivieren het zand niet zo ver konden dragen, want bij de monding is de stroomsnelheid daarvoor niet groot genoeg.

Als we ons een voorstelling van deze vroegere rivieren willen vormen, moeten we vooral niet te veel vasthouden aan het beeld dat de rivieren nu te zien geven. In de laagte tussen de hogere gronden van Brabant en de Veluwe en in het uitgestrekte laagland tussen de Utrechtse Heuvelrug en de duinen hadden zij vrij spel. Die vrijheid beperkten ze zelf wel door oeverwallen op te werpen, maar daaruit konden ze toch nog ontsnappen. Als de bedding tussen beide oeverwallen te veel verzandde, namen ze ten slotte een weg-van-minder-weerstand door de lagere delen, een weg die op den duur ook weer door een oeverwallenstelsel werd begeleid. Daardoor is er nu in het rivierengebied een heel netwerk van zulke hoger boven de omgeving uitstekende stroomruggen, in het oosten zandig, in het westen vooral uit klei opgebouwd. De kleiruggen waren oorspronkelijk lager dan het veen, maar omdat het veen door de latere ontwatering sterk ineengedrukt is, zijn de kleistroken nu ook echte verhevenheden in het landschap geworden.

De voortdurende ophoging van de bodem door zand en klei (en door veen) is duizenden jaren doorgegaan, omdat intussen ook de zeespiegel steeds bleef stijgen. De verandering van rivierlopen daarbij zal ook wel in de hand gewerkt zijn door het feit dat die zeespiegelstijging door allerlei factoren nogal onregelmatig verloopt. De meest constante oorzaak is - ook nu nog - het voortdurend verder smelten van de ijskap, maar die factor speelt al vele eeuwen een ondergeschikte rol. Daardoor werd de invloed van schommelingen in het klimaat steeds sterker. Perioden van warmer en kouder klimaat wisselen elkaar om de paar eeuwen af en in de warme periode is de invloed van de zee het grootst. In deze zogenaamde transgressieperioden worden dan ook extra veel afzettingen door de zee en de rivieren achtergelaten, waardoor bodemkundigen in staat worden gesteld een juiste datering van deze tijdvakken te geven. Hieruit blijkt dat de zee erg agressief was van 1500 tot 1000 v. Chr., van 600 tot 100 v. Chr., van 250 tot 600 en na 800. Deze jaartallen zijn niet alleen van belang voor de bodemkundige, maar ook voor de geschiedenis van de mensen in het rivierengebied, want juist in de rustige tijden tussen deze transgressieperioden vormden deze streken een veilig woongebied.

*Onder: Bij Zwammerdam aan de Oude Rijn werden in 1973 en 1974
de overblijfselen gevonden van vijf vaartuigen uit de Romeinse tijd,
vlakbij de resten van een castellum (Foto Bart Hofmeester)*

De eerste bewoners

De sporen van de oudst bekende bewoners van ons land stammen
niet uit het rivierengebied, maar dat is niet verwonderlijk.
Het is immers erg moeilijk iets daarvan terug te vinden in een
streek die steeds weer sterk van aanzien veranderde en waar
alles met meer of minder dikke lagen zand en klei is bedekt.
Maar vooral ook zijn de streken langs de rivier in de tijden
waarin het klimaat bewoning mogelijk maakte, niet de veiligste
geweest: ook in de rustige tijden zullen de stromen wel minstens
even wispelturig zijn geweest als nu, zodat er steeds gevaar
voor overstromingen zal zijn geweest.

Over de voorhistorische bewoners van de rivierstreek zijn dan
ook maar weinig en dan nog veelal onsamenhangende feiten
bekend. In het gebied van de donken, een van de weinige
vaste punten in dit veranderlijke land, zijn op deze hoogten
en op stroomruggen de oudste sporen gevonden, daterend van
drie- tot vierduizend jaar geleden. Uit wat er van de nederzettingen over is, blijkt dat deze rivierbewoners zich vooral
met veeteelt, visserij en akkerbouw bezighielden; jacht was
blijkbaar niet zo favoriet. Ook bij Vlaardingen zijn, evenals
op enkele plaatsen noordelijker aan de landzijde van de strandwallen, nederzettingen uit die tijd opgegraven. Uit de afval-

hopen bleek dat vis voor deze mensen een belangrijk voedsel
moet zijn geweest. Bij de Vlaardingse nederzetting vond men
gevlochten fuiken en in een getijdekreek ook de resten van iets
dat sterk lijkt op een vanginrichting voor steur.

De hogere gronden in het oosten, vooral in de Betuwe, zijn in die
tijd al wat meer bewoond, natuurlijk vooral op de stroomruggen. Hier vindt men de zogenaamde woerden, enigszins
opgehoogde terreinen, waarvan het niet helemaal duidelijk is
of deze ophoging plaatsvond ter beveiliging tegen hoog water,
zodat de woerden met de Friese terpen zijn te vergelijken,
of dat deze ophoging in de loop van de tijd 'vanzelf' ontstond
door bemesting en afval.

Pas even voor het begin van de jaartelling, wanneer de
Batavieren en consorten de Rijn komen afzakken, neemt de
bewoning sterk toe, vooral in de Overbetuwe. Van Bataafse
vaartuigen is overigens nooit iets gevonden. De spoedig volgende
Romeinen bouwden hun nederzettingen vooral vlak langs de
rivieren, niet alleen om de veiligheid van de hoge oeverwallen,
maar vooral om deze natuurlijke grenzen goed in het oog
te kunnen houden. Een weg verbond de verschillende steun-
punten en deze liep vanzelfsprekend over de hoogste delen.
Wellicht zijn bij de aanleg van die verbinding hier en daar
zelfs wel drassige passages opgehoogd, maar het gaat te ver

19

*De belangrijkste plaatsen aan de rivieren dateren van vóór het jaar 1000.
Zaltbommel werd in 850 voor het eerst genoemd*

om de Romeinen daarom de eerste dijkenbouwers te noemen.
Waarschijnlijk waren in die tijd de omstandigheden zo dat er
aan dijken nauwelijks behoefte was.

De Romeinse verbindingsweg liep vermoedelijk van de hoge
en droge sterkte bij Nijmegen over de Waal naar Elst en het
noordelijk daarvan gelegen Driel, dan langs de Rijn tot Rijswijk
bij Maurik, om daar de rivier over te steken en dan via Wijk
bij Duurstede en Utrecht de ruggen langs de Oude Rijn tot
Katwijk te volgen. Langs deze route lagen niet alleen de militaire
kampementen, maar ook de meeste nederzettingen. Daarvan
zijn er blijkens opgravingen nogal wat geweest in de Overbetuwe, maar ook aan de binnenduinrand tussen de mond van de
Oude Rijn en die van de Rijn/Maas. Bij Elst werden onder
de resten van een romaans en een vroeg-middeleeuws bedehuis,
waarop de tegenwoordige kerk is gebouwd, de overblijfselen
gevonden van twee aanzienlijke Romeinse heiligdommen.

Ook langs de Maas was een weg, met als belangrijke punten
daarlangs natuurlijk Maastricht, maar ook Cuyk en Asselt.

Voor de Romeinen waren de rivieren niet alleen als grens
van belang, maar ook als vaarweg. Dat blijkt uit de vondsten
van Romeinse schepen en uit de berichten van geschiedschrijvers.
Helaas zijn onze onderzoekers het niet altijd eens over de juiste
interpretatie van die oude geschriften, waarin het met de naam-
geving van de verschillende zijtakken van de grensrivier in de
wildernis, zo'n zeventienhonderd kilometer van Rome, meestal
niet zo nauw werd genomen als wij wel zouden wensen.

De plaatselijke machthebbers hebben zich ook daadwerkelijk
met de stromen beziggehouden. Corbulo liet een verbinding
graven tussen de mond van de Oude Rijn en het Helinium,
dat toen vermoedelijk de gecombineerde Rijn-Maasmonding was.
Verder was er de Drususgracht, waarschijnlijk een kanalisatie
van een stuk Oude Rijn of Vecht, en als bekendste waterbouw-
kundig staaltje de dam bij de splitsing van Rijn en Waal,
daar opgeworpen om meer water door de noordelijke tak
te laten vloeien, zodat die zijn taak als scheepvaartweg én als
grensrivier beter zou kunnen vervullen.

Zowel het prettige klimaat als de betrekkelijk gunstige politieke
situatie zullen de bevolkingstoename in de eerste eeuwen
van de jaartelling hebben bevorderd. De snelle ontvolking
na het ineenstorten van het keizerrijk kan heel goed te maken
hebben gehad met een verslechtering van beide omstandigheden.
In elk geval zijn er bijna geen oudheidkundige vondsten uit
de vierde en vijfde eeuw. Wel stelden de bodemkundigen vast
dat in deze periode extra dikke pakketten klei zijn afgezet

in het rivierengebied, wat wijst op een overstromingsperiode.
Deze overstromingen kunnen wel eens zeer hevig zijn geweest
omdat in de voorafgaande eeuwen in het bovenstroomgebied
van Rijn en Maas veel bos was veranderd in bouwland, waardoor
daar de neerslag sneller wegstroomde. Een aanwijzing hiervoor is de opvallend grote hoeveelheid löss in de tijdens
deze periode afgezette kleilagen, door de rivieren aangevoerd
uitspoelingsmateriaal van de hogerop gelegen lössgronden.
Na het jaar 600 werden de omstandigheden voor bewoning
weer gunstiger. Er is niet veel bekend over de ontwikkeling
van de bewoning in die eeuwen, maar alles wijst erop dat de
bevolking sindsdien steeds is toegenomen en zeker niet is
verdwenen toen omstreeks 800 een nieuwe overstromingsperiode
begon. De Noormannen, die spoedig daarna kwamen, vonden
ook langs de rivieren heel wat te plunderen. Vermoedelijk waren
de bewoningskernen op de hogere ruggen veilig genoeg, maar
er kunnen toen al hier en daar kaden zijn opgeworpen om
het hoge water te keren. Waar en wanneer de eerste dijken
gemaakt werden, weten we helaas niet, en niemand zal zich
indertijd ook bewust zijn geweest van de historische betekenis
van zijn daad. Als het water te hoog kwam, beschermde men
huis en goed eenvoudig door het opwerpen van een aarden
drempeltje, een drempeltje dat bij volgende vloeden steeds weer
iets te laag bleek te zijn en dus steeds verhoogd moest
worden. En met dat dijkje rezen ook de problemen, vooral
toen op steeds meer plaatsen kaden werden gemaakt.

Bedijkingen

Als we de ontwikkeling van de bedijking langs de rivieren willen nagaan, kunnen we grofweg een onderscheid maken tussen het westelijke veengebied en het hogere oostelijke deel met stroomruggen en kommen. Het gebruik van de term 'hoger' is hier wat misleidend, want hoog is een erg betrekkelijk begrip. De hoge delen bij Kesteren liggen wel verscheidene meters hoger dan de ruggen bij Leerdam, maar hun hoogte ten opzichte van de plaatselijke rivierstand is nagenoeg gelijk. Als woonplaats waren deze plaatsen theoretisch dus even veilig, alleen meer westelijk werd de situatie bemoeilijkt door de kans op extra hoge zeewaterstanden.

In de bodem is er natuurlijk geen scherpe begrenzing tussen het veengebied en het rivierkleigebied. In de periode waarin het veen werd gevormd, wisselden de omstandigheden nogal eens, zodat het veen nu eens grote, dan weer kleinere opper- vlakten bedekte. Bijgevolg is er ergens in de buurt van de lijn Utrecht-Leerdam een grensgebied waar naar het oosten toe de veenlagen in de bodem steeds dunner en minder talrijk worden en klei en zand gaan overheersen. Sinds de bedijking is er echter een duidelijke grens tussen deze twee rivierstreken. Van Gorkum tot Leerdam is dat de Linge. Ten noorden daarvan is een zuiver kunstmatige grens: daar ligt al minstens vanaf de dertiende eeuw de Diefdijk, tevens grens tussen Gelderland en Zuid-Holland. Deze waterkering is indertijd opgeworpen om de Vijfheerenlanden te beschermen tegen het Betuwse overstromingswater.

In het westelijke veengebied moeten de eerste bewoners zich hebben gevestigd op de kleiruggen langs de rivieren en veen- stroompjes. Toenemende bevolking zal het daar ten slotte nodig hebben gemaakt ook delen van de veenmoerassen langs de kleiruggen te ontginnen, wat alleen mogelijk was door het veen te ontwateren. De eerste aanzet daartoe, aan de rand van het veen, zal nog wel geen grote problemen hebben gegeven. Het veenmoeras was hoog uitgegroeid boven de kleiranden, zodat het water gemakkelijk kon weglopen. Maar . . . veen ís bijna niets meer dan water, dus door drooglegging verliest het veel van zijn volume: het 'klinkt in'. Daardoor zal het indertijd al heel snel lager zijn komen te liggen dan de klei en de - nog steeds noodzakelijke - ontwatering een heel probleem zijn geworden. Dat kon alleen worden opgelost door de natuurlijke afwateringen van het veen, de talrijke veenstroompjes, bij de monding af te dammen en van een sluis te voorzien. Waar en wanneer een dergelijk voor de Lage Landen zo essentieel hulpmiddel voor het eerst is toegepast, weten we echter niet. In die tijden omstreeks het jaar duizend, waarover de geschiedenis alleen maar meldt dat er door hoge en minder hoge heren eindeloos gevochten en gekonkeld werd om de macht, moet er trouwens nog heel wat meer gebeurd zijn waarvan we geen weet hebben. Alléén sluizen zijn niet voldoende om het waterpeil van een streek te beheersen. Daartoe moet een heel veeneiland aan alle kanten afgesloten worden van het buitenwater. In het begin kon dat met sluizen alleen, maar onder invloed van het stijgende buitenwater zal daarop al gauw een eerste bedijking gevolgd zijn. En zulke dingen vereisen een geweldige organisatie, die alleen mogelijk is in een hechte gemeenschap óf onder een sterk gezag. Pas uit de dertiende en de veertiende eeuw weten we iets over die organisatie; uit die tijd dateren de oudst bekende water- schapsreglementen. Daarin wordt echter steeds verwezen naar bestaande toestanden en gebruiken, wat bewijst dat de polders toen al waren gevormd. De grootste van de toenmalige veen- polders, de Zuidhollandsche of Groote Waard, wordt al om- streeks 1200 genoemd als de Dordtsche Waert. In 1421 ging deze bloeiende polder verloren, mede als gevolg van politieke moeilijkheden. De Alblasserwaard, de Krimpenerwaard, de Lopikerwaard en de Vijfheerenlanden bleven met veel moeite

behouden. In zulke veenpolders is de strijd tegen het water namelijk dubbel zwaar: het in de loop van de eeuwen voortdurend hoger stijgende buitenwater dient te worden gekeerd met steeds hogere dijken, en intussen blijven er in het binnenland afwateringsmoeilijkheden. De door de betere ontwatering gestadig verder inklinkende bodem maakt steeds meer voorzieningen nodig om het water dat de polder binnenkomt - regenwater, maar ook toenemende kwel onder de dijken door - weer buiten te krijgen. Windmolens leken daarvoor een passende oplossing, maar die veroorzaakten een verdere bodemdaling, zodat nu krachtige gemalen hun taak moeten overnemen.

Ook in de Betuwe, de Tielerwaard, de Bommelerwaard en het Land van Maas en Waal moeten we de eerste bewoners en hun akkers zoeken op de stroomruggen. Stijgende rivierstanden zullen er aanvankelijk gemakkelijk buiten de deur zijn gehouden door de lage delen van die ruggen wat op te hogen, maar al doende zal gebleken zijn dat er altijd wel ergens weer een laag plekje was, zodat ten slotte het land overal door een kade zal zijn beschermd. Die eerste dijk moeten we vooral niet zien als een aaneengesloten bandijk langs de rivieren, maar als afzonderlijke dorpspolders. Pas later zullen die zich aaneengesloten hebben tot een samenhangend systeem van waterkeringen. Tegelijk moet ook een samenhangend afwateringssysteem zijn ontwikkeld.

Officiële regelingen van deze samenwerkingsverbanden, de waterschappen, zijn eveneens pas van na 1300 bekend en ook daarin kunnen we duidelijk lezen dat het gaat om bekrachtiging van al bestaande regels. De graven van Gelre gaven deze dijkbrieven uit, onder meer aan het Land van Maas en Waal in 1321, aan de Bommelerwaard in 1327 en aan de Tielerwaard in datzelfde jaar. Het principe van de waterbeheersing in Nederland is 'wie het water deert, die het water keert', maar omdat het gekeerde water vaak last bezorgde aan de buurman, lag hierin voor de dorpen steeds een bron van conflicten, die alleen door een goede regeling konden worden voorkomen.

Het belangrijkste dat uit deze dijkbrieven naar voren komt, is dan ook de instelling (of bekrachtiging) van waterschappen, die tot op heden een uiterst voorname rol spelen bij de regeling van de afwatering en het onderhoud van de bandijken. Vooral de laatste zijn een bron van voortdurende zorg geweest, want ze schenen nooit hoog en sterk genoeg te zijn. Er waren (en zijn) namelijk verschillende zaken die het water in de kaart spelen. Nederland ligt in een gebied waar de bodem langzaam

maar zeker daalt, daarnaast blijft de zeespiegel geleidelijk stijgen, nog versterkt door een wat milder klimaat. Bovendien lopen de hoogste rivierstanden hoger op naarmate het water meer tussen dijken wordt gedwongen, terwijl het aangevoerde zand en slib ook alleen maar in de bedding, en vooral in de uiterwaarden, wordt afgezet. Het 'waterbergend vermogen' wordt daardoor nog kleiner.

Door deze bedijkingswedloop zijn grote en kleine kaden van weleer overal uitgegroeid tot machtige waterkeringen. Gelukkig zijn die lang niet overal gelijk, ook niet zo lijnrecht als sommige van de nieuwste dijken. Voor het kronkelende verloop is in eerste instantie natuurlijk de ook niet erg rechte oeverwal, waarop de dijk werd aangelegd, verantwoordelijk. Maar de meeste scherpe knikken zijn later ontstaan, en wel bij doorbraken. Daarbij werd niet alleen de dijk ter plaatse weggeslagen, maar het naar binnen kolkende water spoelde meestal ook een diep gat uit. Dat is nu vaak nog aan de binnenkant van de dijk te zien en wordt wiel, waai, waal of kolk genoemd. Soms ook werd de nieuwe dijk achterom zo'n wiel gelegd, het werd dus 'buitengedijkt'. Dan slibde het gat in de uiterwaard in de meeste gevallen vroeg of laat dicht. Ook binnendijks werden de wielen soms wel gedicht (in deze eeuw zag men er vaak een ideale vuilnisstortplaats in), zodat niet meer elke dijkkronkel dadelijk als een doorbraaklitteken te herkennen is.

Stormvloeden en dijkdoorbraken

De reeks watersnoden, beginnende met de Julianavloed
van 1164 en eindigend met de februariramp van 1953, is
beangstigend lang. Maar bij het beoordelen van hun invloed
op de rivieren moeten we wel onderscheid maken tussen twee
verschillende oorzaken van watersnood: stormvloeden op zee
en hoge waterstanden op de bovenrivieren. De rivierdijken
worden over het algemeen alleen door deze laatste bedreigd,
hoewel in het brede gebied van de benedenrivieren de klappen
natuurlijk van beide kanten kunnen komen. De Krimpenerwaard,
en meer nog de Alblasserwaard, hebben dat vaak ervaren.
De ergste stormvloed die ook in het rivierengebied huishield,
was ongetwijfeld de Sint Elisabethsvloed van 1421. Al is de
verschrikking van deze ramp in de loop van de eeuwen waarschijnlijk wel wat aangedikt, het is wel zeker dat hierdoor
duizenden mensen het leven verloren. En bovendien ging hierbij
de uitgestrekte Groote of Zuidhollandsche Waard ten onder.
Die ene overstroming betekende natuurlijk nog niet meteen
het definitieve einde van deze polder, maar hoge vloeden in
de daaropvolgende jaren en vooral onenigheid op bestuurlijk
gebied (de Hoekse en Kabeljauwse twisten woedden toen in de
gewesten) veranderden deze welvarende streek heel snel in de
Biesbosch. Dit diep in het land doordringen van de zee heeft
grote invloed gehad op het mondingsgebied van de rivieren.
In de middeleeuwen waren de watersnoden ten gevolge van
hoge rivierstanden nooit zo catastrofaal. Hoge waterstanden
van een rivier komen nooit onverwacht en bovendien waren
de dijken toen lang niet zo hoog. Een doorbrekende lage dijk
is nu eenmaal heel wat minder gevaarlijk voor de binnendijkse
bewoners als het bezwijken van een hoge dijk.
Naarmate de bedijkingswedloop vorderde, werden de overstromingen ernstiger. De laatste driehonderd jaar hebben er zich
nogal wat voorgedaan, bijna allemaal in de wintermaanden.
Bij normaal hoogwater waren de rivierdijken over het algemeen
veilig genoeg en op de plaatsen waar dat niet het geval was,
was men wel op de gevaren bedacht. Maar wanneer aan het einde
van een vorstperiode de rivieren weer open kwamen en
grote hoeveelheden drijfijs meevoerden, ging het nogal eens mis.
Onregelmatigheden in de bedding vormden dan snel aanleiding
tot het vormen van ijsdammen, barrières waarachter het water
tot 'voorbeeldelooze hoogte' steeg, zodat een doorbraak
meestal onvermijdelijk was. Ondermijning van de dijk door het
overlopende water kon daarvan de directe oorzaak zijn,

soms ook fatale beschadiging door de ijsschotsen. Nu kwamen
ook zulke rampen niet helemaal onverwachts: zo'n ijsdam
deed het water maar langzaam stijgen en er was meestal wel
een of meer dagen tijd om maatregelen te nemen. Het dijkleger
probeerde dan door het opwerpen van kleine kaden of het maken
van bekistingen het overstromingsgevaar te keren en beschadiging van de dijk te voorkomen. Dat lijkt een hopeloze
strijd tegen het water, maar in feite kwam het vaak neer
op een strijd tegen het dijkleger aan de overkant van de rivier.
Wie het langst volhield, was winnaar en behield zijn dijk
(meestal), want een doorbraak betekent meteen een ontlasting
van de hoge rivier, waardoor het gevaar aan de overkant
sterk afneemt.
Van de overstromingen in de laatste eeuwen zijn uitgebreide
verslagen bewaard gebleven, en verschillende zijn in boekvorm
uitgegeven. Zulke boeken werden verlucht met fraaie prenten,
maar meestal was de taal al beeldend genoeg. Zo begint de
beschrijving van de watersnood in het vijfde jaar van de
Bataafsche Vrijheid, in 1799 dus, als volgt:
,,Aandoenlijk zijn de gebeurtenissen dezen Winter voorgevallen;
een Winter welks strenge Vorst ons Vaderland weinig voorbeelden heeft opgeleverdt. Het was dus niet te verwonderen
dat bij het losgaan der Rivieren het Water en IJs met een
vernielend geweld woedden, waar door de stevigste dijken,
voor de Kragt des Waters bezweken; in korte oogenblikken
verpletterde het ijs, Gebouwen, welke de Eeuwen konden ver-
duren, het gedruis van water en ijs, paarden zich hier met
het geschrei der ongelukkigen, de bleeke dood dreigde gantsche
huisgezinnen, onder de puinhopen hunner wooningen te
begraven, in 't water te verdrinken, of onder het ijs te ver-
smoren. Een tijd, daar veelen de laatste doodkus elkanderen
gegeven, de omeen gestrengelde liefdearmen aanvanglijk
bestorven waaren. Een Treur-Toneel dat met geen pen
te beschrijven is. (. . .) En dat alles in een jaargetij, wanneer
de zwarte duisternis, voor het grootste gedeelte des tijds, ons
Noordelijk Waereld-rond bedekt. Een tijd, als onguure storm-
winden de lucht beroeren, ja! zelfs zomtijds met donder en
blixem, hagel, sneeuw en regen vergezeld, den mensch naar
zijn stulp, en het vee in zijn hoolen jaagen.''
Zulke boeken waren vaak geschreven om een beroep te doen
op de edelmoedigheid der natie, want vooral de materiële schade
was steeds groot: dijken moesten worden hersteld, woningen
waren vernield, er was vee verdronken, de oogst verloren,
het land bedorven. Verschillende schrijvers grepen de schildering

van de ellende ('vijf dezer voorbijdrijvende schotsen voerden ieder het dak van een huis met zich; in een van dezelven hoorde men een hond huilen') aan om hun kritiek te uiten op de bedijkingen: „Maar! veelen zullen mogelijk over het geheel de Overstroomingen als een Oordeel Gods beschouwen, tot kastijding van het Menschdom! Neen! de werkingen der natuur, bestuurd door eene Alwijze voorzienigheid, beschaamen dezulken, indien zij op het verband, en oogmerk, waar toe dit alles dienstbaar is, acht geven, want de Overstroomingen der Rivieren, wijzelijk bestuurd, zouden bij ons, evenals de Overstroomingen des Nijls bij de Egijptenaaren tot een Zegen voor onzen Landbouw hebben kunnen dienen, en waar van de Uiterwaarden in onze Rivieren de sprekenste bewijzen opleveren. Rampen en ongelukken, die dus niet oorspronkelijk zijn uit de Oordeelen Gods, maar omdat wij de aangebodene zegening der natuur verwerpen, en met geweld dezelve van onze Landen keeren.' - 'Ja! alle landen welker ligging aan de Rivieren is, en door dezelve op zommige jaargetijden overstroomd worden, genieten de zegeningen der natuur; maar onze Voorvaderen hebben in onkunde, dezen onkostbaaren mistwagen en verhooging hunner landen eerst door kaden, en vervolgend door hooge dijken van hunne landen geweert, waar voor hunnen nazaaten nu de straf dragen, en de kunst te hulp moeten roepen, om dikwijls het water vijf, zes en meerdere voeten op te maalen ter loozing in de Rivieren.”

Deze tegenstanders van de bedijking pleitten ervoor het water plaatselijk zijn gang te laten gaan en het door een systeem van overlaten door rivierenland te leiden. Deze voorstanders van 'Gods water over Gods akker laten lopen' hebben de aanhangers van de 'harde lijn' echter niet kunnen overtuigen. Sinds de Franse tijd was het mogelijk de waterstaatszaken meer centraal te regelen, waardoor de verschillende dijken meer op elkaar konden worden afgestemd. Maar bovenal kon daardoor de bedding van de rivier beter worden aangepakt en gestroomlijnd, waardoor een snellere afvoer van water en ook van ijs mogelijk werd. Elke ernstige watersnood was een impuls voor een krachtiger aanpak, en na 1861 leek het erop dat het gevaar bezworen was. Rondom de jaarwisseling 1925-1926 kwam het waterpeil echter hoger dan men ooit voor mogelijk had gehouden en in de Maasdijk ontstond weer een doorbraak. Die rivier kreeg daarop een grote verbeteringsbeurt, terwijl elders de dijken opnieuw werden verhoogd en verzwaard. Sindsdien is de situatie niet meer kritiek geweest, en omdat eventuele ijsdammen nu met ijsbrekers en springladingen gemakkelijk voorkomen kunnen worden, lijkt alles veilig in rivierenland. Zo veilig dat de overheid nogal moeite heeft om iedereen te overtuigen van de noodzaak van weer een nieuwe dijkverzwaring.

De rivier als handelsweg

Het belangrijkste punt voor de scheepvaart op de grote rivieren is Lobith. Al eeuwen geleden was dat zo. Het was dan ook een heel profijtelijk idee van de Gelderse graaf Gerard om juist daar een tol in te stellen. Tevoren had hij zo'n ding gehad bij Arnhem, maar Lobith leek hem in 1220 nog voordeliger. Dat niet iedereen er gelukkig mee was, blijkt uit de vele protesten ertegen, vooral van de IJsselsteden. Maar voor ons inzicht in het belang van het handelsverkeer op de rivieren is deze tol wel plezierig, want enkele van de tollenaars hebben indertijd hun tolrekeningen zo goed opgeborgen dat we ze nu nog kunnen raadplegen en zo aardig de toenmalige scheepvaartbewegingen kunnen nagaan. Op die rekeningen staat namelijk niet alleen het aantal gepasseerde schepen vermeld, maar ook waar ze vandaan kwamen en waar ze naar toe wilden, en vooral ook wat ze vervoerden. Daaruit blijkt dat in de jaren rond 1310 jaarlijks bijna tweeduizend tolplichtige schepen voorbijvoeren. Enkele steden hadden bij de graaf tolvrijheid voor hun vloot kunnen krijgen, waardoor die schepen ook niet geregistreerd werden.

Onder de in de rekeningen vermelde steden zijn die langs de Duitse Rijn en eigenlijk alle Nederlandse riviersteden te vinden. De IJsselsteden worden opvallend vaak genoemd, maar er blijken toch ook goede contacten te zijn geweest via de Maas (tot Venlo). De nabijgelegen grote steden Arnhem en Nijmegen waren erg belangrijk, en verder langs de Waal nog Tiel, Zaltbommel en vooral Dordrecht.

Uit het Rijngebied voerde men wijn en bier aan, natuursteen voor bouwwerken en vooral ook molenstenen, linnen en staal. Stroomopwaarts gingen vis, zout, laken en landbouwprodukten. Er was ook een duidelijke doorvoerhandel van wijnen uit Frankrijk en laken uit Vlaanderen, en vooral allerlei begeerlijks uit het Oostzeegebied, zoals vis en traan, hout, graan en ertsen. In die tijd was de handel met het hoge noorden een monopolie van de IJsselsteden als Kampen, Zwolle, Deventer en Zutphen. Zij verwierven in de loop van de dertiende eeuw hun stadsrechten, maar waren wellicht al veel eerder centra voor handel en scheepvaart. In elk geval was er al in 973 een tol bij Zwolle. Kampen was ongetwijfeld de belangrijkste stad langs de IJssel; in de veertiende eeuw was het Kamper aandeel in de handel op het noorden groter dan die van alle andere toenmalige koopmanssteden samen. De bloeitijd van de stad duurde tot omstreeks 1500, daarna gingen de zaken niet best meer. De opkomst van steden aan de westkant van de Zuiderzee is daar wellicht de oorzaak van geweest, misschien ook wel het gevolg. In eigen streek had Kampen nogal wat politieke problemen, en bovendien kreeg de stad te maken met een steeds sterkere verzanding van de IJsselmonding. De toegang tot Kampen moest met veel kunst- en vliegwerk worden opengehouden. In 1557 nam men daartoe zelfs een 'stadsdiepmaker' in dienst, maar het mocht allemaal niet baten. De ondiepten beperkten zich niet tot de monding, maar op de hele IJssel werd het varen steeds moeilijker; later schijnt in droge zomers de verbinding van Rijn en IJssel zelfs helemaal te zijn drooggevallen.

Het verkeer naar en van het Duitse Rijngebied ging meer en meer via de Waal. De Lek speelde geen rol van betekenis meer.

Sinds de Noormannen Dorestad tot een puinhoop hadden gemaakt, en zeker na de afdamming van de Oude Rijn bij die plaats, waren daar alleen nog havens met lokale betekenis, zoals Arnhem, Rhenen en Utrecht. Vanuit deze laatste plaats was al onder Floris V een vaart naar Vreeswijk gegraven. Aan de Waal heeft Tiel indertijd blijkbaar de rol van Dorestad willen overnemen. Er was natuurlijk ook een tol, nog wel onder de 'bescherming' van de Duitse keizer. Maar in 1174 haalde Frederik I Barbarossa die winstgevende inrichting dichter bij huis. Het vervallen van de verbinding met de Linge, omstreeks dezelfde tijd, zal het belang van Tiel ook wel geen goed hebben gedaan.

De belangrijkste stad langs de rivier was ongetwijfeld Dordrecht, ontstaan op een bijzonder strategisch punt. Al het scheep-vaartverkeer van en naar de Maas en de Waal (en de Linge) kwam erlangs, vlakbij mondde de Lek uit en er waren goede verbindingen met de zee. Omstreeks 1200 was er al sprake van handel in laken, wijn en graan en dank zij de gunstige ligging is de betekenis van Dordrecht snel toegenomen. Bovendien

waren de Hollandse graven de stad zeer behulpzaam, onder andere door er een tol te vestigen - waarvan de graven zelf uiteraard ook aardig profijt hadden. In 1299 deed de graaf er nog een schepje bovenop door de stad stapelrecht te geven. Dat hield in dat bepaalde met name genoemde goederen, voor zover ze afkomstig waren van of bestemd voor bepaalde plaatsen, de stad niet zonder meer mochten passeren, maar er ter markt gebracht moesten worden. Door de koper konden ze dan weer verladen en verder vervoerd worden - werkelijk een bijzonder slimme manier om de werkgelegenheid op peil te houden en de handel te stimuleren. In later jaren werd het stapelrecht nog een paar keer uitgebreid tot andere goederen. Tegelijk werden, ter voorkoming van al te veel broedertwisten, de andere steden van Holland en Zeeland van deze verplichtingen vrijgesteld. In later eeuwen is het stapelrecht aanzienlijk verzacht, maar Dordrecht behield lange tijd zijn positie als machtigste haven- en koopmansstad. Pas in de loop van de achttiende eeuw nam Rotterdam die over en werd de voor-naamste Nederlandse Rijnvaarthaven.

Onder: Recente bochtafsnijding van de Gelderse IJssel bij De Steeg.
Dit werk werd uitgevoerd in combinatie met de aanleg van een nieuwe
autosnelweg

26

'Verbeteringen' van de rivier

De door de Romeinen gemaakte stroomregulerende dam bij
de splitsing van Rijn en Waal was ongetwijfeld de eerste
menselijke poging in de Lage Landen om in te grijpen in de loop
van de rivieren. Het duurde heel lang voordat dit voorbeeld
werd gevolgd. De bedijkingen speelden zich duidelijk lángs
de rivieren af en ook de afdamming van bij voorbeeld de
Kromme Rijn zal wel niet zo'n geweldige ingreep zijn geweest,
maar meer een afsluiting van een al (bijna) dichtgeslibde monding.
In de meestal royale bedding tussen de dijken gedroegen de
stromen zich toen nogal wispelturig, stroomden nu eens hier,
dan weer daar. Zandbanken ontstonden en werden eilanden,
die even snel weer door het water konden worden weggespoeld.
Onder die omstandigheden zal een zich zijwaarts verleggende
stroom zo nu en dan een dijk bedreigd hebben en in een poging
om dat onheil af te wenden zal men gemerkt hebben dat
bij een verstandige aanpak de rivier best met zich liet manipu-

leren. Zo zal een boer die zijn stukje van de uiterwaard wat
smal vond, al snel ontdekt hebben dat hij door het maken van
een paar simpele kribben of eenvoudig met rijshouten staken
de stroom gemakkelijk de andere kant op kon sturen en daarmee
zijn weiland vergroten.
Met de toen ter beschikking staande materialen moet men al
vroeg in staat zijn geweest de loop van de rivier te veranderen.
Helaas zal die ontdekking wel ongeveer gelijktijdig gedaan zijn
op beide oevers en daarmee moet snel duidelijk zijn geworden
dat winst op de ene plek samenhangt met verlies elders.
Onenigheden daarover zullen van dorpsruzies snel uitgegroeid
zijn tot geschillen tussen de hoge heren, want beide oevers
van de rivier behoorden meestal tot verschillend rechtsgebied
en vaak tot verschillende gewesten.
Geen wonder dat er aan het eind van de middeleeuwen al
een heel stelsel van regels bestond, waarin werd vastgelegd
wat je wel en niet met de rivier mocht doen. Daarbij werd tevens
geregeld wie volgens het aloude gewoonterecht eigenaar is

van de nieuwe stukken grond die ontstaan door verlegging van de rivier. Als grondregel daarbij geldt dat aanwassen toebehoren aan de eigenaar van het aangrenzende land, terwijl opwassen, eilanden dus, eigendom zijn van de eigenaar van de rivier, dat was de vorst. Dit lijkt een afdoende regeling, maar in de praktijk bleek het vaak erg moeilijk vast te stellen of iets nou een eiland was of niet. Er was een hele ceremonie ter plekke nodig om dat uit te maken.

Slechts uit enkele bepalingen in die oude reglementen blijkt dat ook aan de belangen van de scheepvaart werd gedacht. Zo werd het maken van kribben verplicht gesteld op punten waar de rivier breed en ondiep was. Door de rivier in een smallere bedding te dwingen, wordt de hoofdgeul namelijk vanzelf dieper uitgeschuurd. Volgens dat principe zijn later bijna overal langs de oevers kribben aangelegd, maar tot dit soort werken ter verbetering van de rivier zelf kon eigenlijk pas goed worden overgegaan toen de verschillende hoge heren langs de oevers het beter met elkaar konden vinden. Het strategische belang van de rivieren bracht hierover ten slotte meer overeenstemming. Dat de Franse troepen in 1672 zonder moeite bij Lobith door de Rijn de Betuwe binnenliepen, zal de behoefte aan een verbetering van de Rijn-Waal-splitsing zeker sterk hebben vergroot. De eerste aanzet voor het Pannerdens Kanaal was dan ook een werk in het belang van 's lands defensie en werd uitgevoerd door de bekende vestingbouwer Menno van Coehoorn. Bij het voltooien van dit kanaal in 1707 eisten de zich bedreigd voelende Waalsteden Nijmegen, Tiel en Dordrecht zelfs dat het voor de scheepvaart zou worden verboden! De steden waren toen echter niet machtig genoeg meer om hun eis kracht bij te zetten.

Grootscheepse verbeteringen aan de rivier in de achttiende eeuw, zoals het graven van het Bijlands Kanaal, waren deels een gevolg van de grotere technische mogelijkheden. Het oudst bekende baggerwerktuig, de krabbelaar, opereerde al in 1435 in Middelburg. Vooral voor het op diepte houden van havens werden dergelijke vindingen gebruikt en in Amsterdam, waar men daarmee nogal wat problemen had, werd omstreeks 1600 een verbeterd type in gebruik genomen. Het was een echte baggermolen met emmers, aangedreven door mankracht-in-de-tredmolen, later door paarden. Omstreeks 1700 bouwde men de eerste stoombaggermolens, en natuurlijk had Amsterdam ook al gauw zo'n ding. Of die nieuwigheid ook bij het Bijlands Kanaal werd gebruikt, is niet bekend.

Hoe weinig betrouwbaar de rivier als verdedigingslinie was,

bleek in 1795: het Franse leger passeerde toen met gemak de Waal, over het ijs! Met die invasie begon ook voor de rivieren een heel nieuw tijdperk. In 1798 kwam er een centraal toezicht op de rivieren, als voorloper van de latere Rijkswaterstaat. En tijdens het Weense Congres in 1815 werden ook internationaal afspraken gemaakt over de grote rivieren, die later nader werden uitgewerkt in de Rijnvaartakten. Hierin werden voornamelijk de scheepvaartbelangen geregeld. Riviertollen werden opgeheven, aan het vaarwater werden technische eisen gesteld, de doorvaarthoogte en -breedte van bruggen aan internationale bepalingen onderworpen, evenals de verkeersvoorschriften, die een vlotte en veilige vaart moeten verzekeren. De Rijnvaartconventie houdt zich alleen met de internationale rivieren bezig en daaronder worden bij ons alleen de Waal en de Rijn-Lek verstaan. In de loop van de vorige eeuw werd het vaarwater daarvan door baggerwerken en door een heel stelsel van kribben en andere voorzieningen zo gereguleerd dat het aan de eisen voldeed. Het scheepvaartverkeer nam sindsdien echter zo toe, dat het de laatste jaren nodig bleek het vaarwater van de Nederrijn een grotere capaciteit te geven door middel van de Rijnkanalisatie, waarover op bladzijde 30 meer te lezen is.

Eerst moeten we nog wat meer aandacht besteden aan de Maas. Het heeft wel lang geduurd voordat er iets ondernomen werd ter beteugeling van deze wispelturige regenrivier, die het zowel de schippers als de oeverbewoners steeds weer erg ongemakkelijk kon maken. Maar sinds de 'verbeteringswerken' eenmaal begonnen zijn, lijken ze ook niet meer te stuiten. Telkens wordt er weer een stukje gevonden dat nog kan worden 'verbeterd'.

Onder: Afgesneden bocht in de Maas bij Linne met twee grote grind-
gaten en op de voorgrond twee sluizen. De voorste, dubbele sluis
geeft toegang tot het in 1971 opengestelde lateraalkanaal
Linne–Buggenum
Rechts: Julianakanaal en sluis bij Maasbracht, met links op de foto
grootscheepse grindgraverijen

De Maas, steeds rechter en korter

Dat de problemen rond de Maas niet eerder zijn aangepakt,
is vermoedelijk mede te wijten aan de Zuidwillemsvaart,
waarmee Maastricht al in het begin van de vorige eeuw verbinding met het noorden kreeg. Daardoor verviel voorlopig
de noodzaak om de Maas voor de scheepvaart te verbeteren.
Een oplossing voor de moeilijkheden bij te hoge waterstanden
werd gezocht in een betere bedijking en in de Beerse Overlaat.
Dat was een stuk van de Maasdijk ten oosten van Grave, dat
extra laag was gelaten, zodat bij hoge rivierstanden het water
erover kon ontwijken en dan als een tijdelijke rivierarm,
de Beerse Maas, door het lage land ten noorden van Oss
naar Den Bosch vloeide. Daar kwam het dan via het riviertje
de Dieze weer in de Maas - tenminste als het water in de Maas
dáár niet te hoog stond, want dan kwamen er overstromingen
door het niet afvloeiende Diezewater. Om dat overstromingswater kwijt te raken was er meer westelijk, bij Bokhoven,
ook een overlaat. Maar daar deed zich hetzelfde probleem voor:
bij hoge Maasstanden vloeide het water daar niet naar buiten,
maar juist naar binnen, zodat de Beerse Maas nog meer land
overstroomde. Via de Langstraat kon het water dan uiteindelijk voorbij Waalwijk worden geloosd in het Oude Maasje.
Vooral bij langdurige hoge waterstanden was de Beerse Maas
zeer nadelig voor de streek. Er waren wel geen huizen in de
25.000 hectaren waar het water kon komen, maar in Den Bosch
ondervond men toch nogal wat wateroverlast. Voor de boeren
waren vooral overstromingen laat in het voorjaar rampzalig.

Een tijdgenoot schreef over die kommer en ellende: 'De nijvere
landman zit met bedroefde oogen zijn akkers te aanschouwen,
tuurt elken dag op de weinig of niet vallende rivier, van
welke zijn zijn of niet zijn afhangt. Elken morgen staat hij
met hoop op, doch elken avond gaat hij ongetroost naar
zijn leger.'
De hoge waterstanden op de Maas werden intussen niet alleen
veroorzaakt door de Maas zelf, maar ook door de Waal,
die zich bij te hoge standen via de Heerewaardense Overlaat
in de Maas kon ontlasten. Bij lage Maasstanden gaf het gebruik
van die veiligheidsklep geen enkel probleem, maar vaak
gingen hoge standen op beide rivieren samen, en dan was dat
extra Waalwater voor de Maas de fatale (forse) druppel
die de rivier deed overlopen. De polders langs de Waal hadden
er intussen alle belang bij dat de Heerewaardense Overlaat
open bleef. Maar ten slotte werd men het er toch over eens
dat er iets moest gebeuren en zo ontstond in 1883 de Wet tot
verlegging van den Maasmond, die een steeds verder gaande
verbetering van de Maas tot gevolg heeft gehad, zo sterk
dat er nu nog maar heel weinig stukken Maas zijn die nog
op hun oude plaats liggen.
Het verleggen van de Maasmond betekende tevens de
scheiding van Maas en Waal. Het samenvloeien van die twee
bij Loevestein was voor de waterafvoer van beide stromen
ongunstig. Door het graven van de vijfentwintig kilometer lange
Bergse Maas kon de Maasafvoer profiteren van de veel lagere
ebstanden op de Amer: bij Heusden gaf dat een verlaging
van twee meter. Na het voltooien van deze nieuwe monding
werd de Maas tussen Well en Andel in de Afgedamde Maas
veranderd en de overlaat bij Heerewaarden gesloten.
Deze werken verbeterden de waterafvoer van de Waal en
vooral van de Maas aanmerkelijk, maar toch nog niet voldoende
om de Beerse Overlaat te kunnen missen. Na de buitengewoon
hoge waterstand van 1926 werd de Maas verder aangepakt.
In de jaren dertig kwam het gedeelte beneden Mook aan de beurt.
Tien bochten werden afgesneden, de rivier werd overal uitgediept en verbreed en de uiterwaard op veel plaatsen
afgegraven. De Maas werd er twintig kilometer korter door.
Voor de waterafvoer en voor de scheepvaart was deze stroomlijning ongetwijfeld een hele verbetering, maar het landschap
is er niet bekoorlijker op geworden, al is het natuurlijk moeilijk
om achteraf vast te stellen wat we er allemaal mee verloren
hebben. Door met wat fantasie te kijken naar het landschap
van de Afgedamde Maas kunnen we er toch wel een idee van

krijgen hoe het meer stroomopwaarts indertijd is geweest. De meeste van de tien afgesneden lussen zijn intussen wel van belang voor de watersport, voor de hengelaars en de zand-winning; als natuurgebied zijn ze niet bijster interessant. Natuurlijk werd bij de uitvoering van de werken ook sterk rekening gehouden met de steeds gewichtiger scheepvaart-belangen. Door de rivierverbeteringen vloeide het water in tijden van lage aanvoer al te snel af. Daarom werd bij Lith een stuw met scheepvaartsluis gebouwd om het water op peil te houden. Intussen was in Limburg, tussen 1918 en 1929, de Maaskanalisatie uitgevoerd, waarbij de rivier tussen Maasbracht en Grave in panden werd verdeeld door stuwen met sluizen bij Linne, Roermond, Belfeld, Sambeek en Grave. Bij lage waterstanden houden de stuwen het water op diepte; bij hoge standen worden de uitneembare stuwgedeelten ver-wijderd en hebben de schepen vrije doorgang.
Vanwege het toenemende belang van het Limburgse mijngebied werd daarna ook snel het laatste stuk Maas aangepakt. Oorspronkelijk wilde men ook dit deel kanaliseren, maar dat bleek nogal duur en eiste heel veel overleg met België. Daarom besloot men de grensrivier onaangeroerd te laten en speciaal voor de scheepvaart een nieuw kanaal te graven: het Juliana-kanaal, vijfendertig kilometer lang, met sluizen te Maasbracht, Roosteren, Born en Limmel, een paar kilometer boven Maastricht, en nog een extra stuw bij Borgharen. Met dit kanaal, dat in 1934 gereed kwam, werd de vaarweg zestien kilometer korter. Hiermee leek de stroomlijning van de Maas voltooid, maar vooral tussen Maasbracht en Belfeld bleef de Maasloop nog aanzienlijk afwijken van de in de waterbouw geprefereerde rechte lijn. En omdat de grote behoefte aan zand en grint graafwerk aan de rivier in Limburg erg goedkoop maakt, is er intussen al weer heel wat recht getrokken. Misschien nam ook daarom de scheepvaart op de rivier zelf weer toe, in elk geval zeker omdat het Julianakanaal te krap werd. Dat is de laatste jaren dan ook sterk verbreed en voorzien van grotere sluizen. Door de dijken plaatselijk flink te verhogen werd het mogelijk één sluis te laten vervallen, maar dat bracht met zich mee dat de sluizen van Born en Maasbracht veel groter gemaakt moesten worden. Het verval is nu bij beide namelijk ongeveer twaalf meter.

Kanalisatie van de Rijn

De meest recente grote ingreep in de loop van de rivieren is wel de Rijnkanalisatie, die in 1970 werd voltooid. De verschillende problemen die zich bij het ontwerpen en uitvoeren van dit project voordeden, demonstreren duidelijk hoezeer alles in het rivierengebied met elkaar samenhangt, waardoor elk ingrijpen in de bestaande toestand ook op andere punten grote gevolgen kan hebben. Zo was door het uitdiepen van de Nieuwe Waterweg ten behoeve van de steeds grotere zeeschepen het probleem van de verzilting ontstaan. In die ruimere monding kwam bij vloed telkens een geweldige hoeveelheid zout water naar binnen, en daarvan ondervonden land- en tuinbouw tot ver in het binnenland de nadelige gevolgen. Dat opdringende zout is alleen maar tegen te houden door voldoende zoet rivierwater zeewaarts te laten stromen. Ge-

durende vele maanden van het jaar was de Lek, als minst bedeelde Rijntak, bij lange na niet in staat om genoeg zoet water aan te voeren; ze had zelfs nauwelijks genoeg water voor de scheepvaart. Plannen om de Lek door kanalisatie beter bevaarbaar te maken waren in het verleden nooit uitgevoerd, omdat door een dergelijke ingreep de zoetwaterafvoer door de Waterweg nog geringer zou worden en daarmee de verzilting nog verergerd.

De Deltawerken boden een oplossing voor dit vraagstuk. Door afsluiting van het Haringvliet werd het mogelijk het grootste deel van het water van Waal en Maas in de droge tijd tegen te houden, het daardoor te dwingen via Oude en Nieuwe Maas en de Waterweg naar zee te stromen en zodoende het zoute water terug te dringen. Daarmee was het verziltingsprobleem opgelost en kon worden begonnen met verbetering van de Lek, waarbij tevens de belangen van de Gelderse IJssel

konden worden behartigd. Ook die rivier had af en toe wel behoefte aan wat dieper vaarwater. Bovendien was het voor de waterhuishouding gewenst wat meer zoet rivierwater naar het IJsselmeer te leiden. In beginsel is zo iets betrekkelijk eenvoudig te verwezenlijken: door een eindje stroomafwaarts van de splitsing van Rijn en IJssel een stuw te bouwen, kan men de waterstand bij die splitsing regelen en zodoende precies zoveel water de IJssel in sturen als men wil. Natuurlijk diende wel grondig te worden onderzocht op welke plek zo'n regelkraan het meeste effect zou hebben. Daarbij moest onder meer voorkomen worden dat die stuw ook de waterstand bij de Rijn-Waal-splitsing zou gaan beïnvloeden en daardoor het al royale Waal-aandeel nog vergroten. Ook werd het nodig geoordeeld de bovenmond van de IJssel nog wat te verbeteren. Drie grote bochten werden afgesneden, waardoor de IJssel weer acht kilometer korter werd, en bij de monding werd de bedding fors uitgediept.

Natuurlijk kun je met één stuw geen rivier kanaliseren; er werden er nog twee gebouwd, zodat er nu twee panden zijn, van eenendertig en drieëntwintig kilometer lang. De eerste stuw, bij Hagestein, was al in 1958 klaar, die bij Amerongen in 1966 en die bij Driel, zeven kilometer ten westen van Arnhem, in 1970. De onderverdeling in twee panden was nodig omdat anders de waterstanden in het benedenste deel te hoog zouden worden. Nu is het verval twee maal drie meter en dat kan nog net. Een verschil van zes meter zou een groot deel van de uiterwaarden blijvend onder water hebben gezet, de waterafvoer

van polders ernstig hebben bemoeilijkt en daar bovendien grote problemen hebben gegeven met het onder de dijk door komende kwelwater. De verdeling in twee panden maakte het bovendien mogelijk om tussen Amerongen en Hagestein het waterpeil gelijk te houden met dat van het Amsterdam-Rijnkanaal bij Wijk bij Duurstede, zodat de sluis daarvan meestal buiten gebruik kan blijven.

Bij elke stuw is ook een tweehonderd zestig meter lange sluis voor de scheepvaart. Er wordt druk gebruik van gemaakt. Het nagenoeg ontbreken van stroming is voor het stroomopwaartse verkeer een groot voordeel. Bij hoge rivierafvoeren worden de stuwen geheel geopend en de sluis in het Amsterdam-Rijnkanaal gesloten. Dan wordt ook het gekanaliseerde gedeelte weer rivier; de schepen varen onder de stuwen door. Ongeveer drie maanden van het jaar is dat het geval. Eveneens ongeveer drie maanden zullen de stuwen geheel gesloten zijn en gedurende het resterende halfjaar gaan ze meer of minder vaak open, wat afhangt van de wateraanvoer. Om met de beschikbare massa water alle belangen zo goed mogelijk te dienen, moet de door te laten waterhoeveelheid heel nauwkeurig worden geregeld. Daarom zijn de stuwen hier heel anders dan die in de Maas. De regeling geschiedt door twee zogenaamde vizierschuiven, halfcirkelvormige stalen wanden met een gewicht van tweehonderd ton, die een achtenveertig meter brede opening afsluiten. Het doorgelaten water stroomt hier niet overheen, maar eronder door, als het vizier een klein beetje wordt opgetild.

Het water en zijn bewoners

Riviervissen

Een levensgemeenschap in het zoete water leent zich in het
algemeen uitstekend voor het illustreren van de onderlinge
betrekkingen tussen de levende wezens die samen een bepaalde
ruimte bewonen. De basis van zo'n gemeenschap wordt gevormd
door de waterplanten en het microscopisch kleine plantaardige
plankton, die koolzuur uit het water opnemen en er zuurstof
aan afgeven. Vooral het plankton wordt gegeten door het
dierlijke plankton, dat op zijn beurt weer, samen met allerlei
organische afval in het water, tot voedsel dient voor een
grote groep waterdieren als weekdieren, kreeftachtigen en
insektelarven. Deze gevarieerde groep vrij zwemmende en
bodemdieren vormen de prooi van kleine en soms ook van
grote vissen, maar de laatste jagen meestal op kleine vissen.
Er zijn echter ook grote vissen die uitsluitend van plantenkost
leven.

Wat kunnen we van zo'n ingewikkelde samenleving terugvinden
in een Nederlandse rivier? Allesbeheersende factor in rivieren
is de stroom; een heleboel organismen, zowel planten als dieren,
zijn daar niet tegen opgewassen. Om alles wat overzichtelijker
te maken hebben visserijbiologen de rivieren verdeeld in een
viertal zones, een verdeling die vooral berust op de stroomsnelheid. Het beweeglijkst is het water in de snel stromende
bergbeken, het kalmst in de langzaam stromende laaglandrivieren. In de laatste categorie vallen alle Nederlandse
rivieren, in het verleden met uitzondering van een stuk
Limburgse Maas, waar de stroomsnelheid groter was. Een nauwkeurige grens tussen de zones is overigens niet te trekken,
omdat zij geleidelijk in elkaar overgaan. Bovendien heeft de mens
heel wat aan de rivieren geknoeid en daardoor alles flink
in de war gegooid. De Maas is door een aantal stuwen
veranderd in een serie stuwpanden met gedurende een deel
van het jaar bijna stilstaand water, waarin dieren die een hekel
aan veel stroming hebben, zich goed thuisvoelen. Met de
Nederrijn is ongeveer hetzelfde gebeurd, maar voor de dieren
en speciaal voor de vissen is er toch nog wel een verschil:
wanneer bij hoog water de stuwen worden geopend, bieden de
talrijke grindgaten langs de Maas meer rustige schuilhoeken
voor de vissen die zich in de sterke stroom niet kunnen
handhaven.

Waal en IJssel lijken minder ingrijpend veranderd, maar een
vergelijking met nog niet door waterbouwkundige werken
gehinderde laaglandrivieren elders op de wereld leert dat ook zij
niet veel overeenkomst meer vertonen met de natuurlijke
toestand. Een laaglandrivier die zijn gang kan gaan, wisselt
voortdurend van breedte en diepte, vormt zijstromen en eilanden
en heeft op de meeste plaatsen zeer langzaam glooiende oevers,
begroeid met water- en oeverplanten. Zo'n rivier is een mozaïek
van heel verschillende watermilieus, waarin organismen
met sterk uiteenlopende behoeften een plaatsje naar hun zin
kunnen vinden. Deze grote verscheidenheid aan levensmogelijkheden vormt de basis voor een rijk dierenleven in
en langs zo'n laaglandrivier. Dit ideaalbeeld is danig verstoord
door de mens, die vanouds ook door de vele bestaansmogelijk-
heden die de rivier biedt, is aangetrokken. Vooral in de laatste
eeuwen heeft hij op allerlei manieren getracht om wille van
een betere waterafvoer en bevaarbaarheid de rivier nog meer
naar zijn hand te zetten. Door kribben werd het water in een
vaste, smalle bedding gedwongen, waardoor de stroomsnelheid
aanmerkelijk toenam. Bij het op diepte baggeren van de
vaargeul is veel zand en slib in de ondiepten tussen de kribben
gedeponeerd. En waar die ondiepten bij die werkzaamheden
niet meteen werden opgevuld, zijn ze intussen toch wel
verzand. De rivier is dus een gelijkmatig brede afvoergeul
geworden, met alleen in de luwte van de kribben en hier
en daar langs de rand nog wat plaatsen met minder stroom.
In zo'n standaardrivier zijn de specifieke levensmogelijkheden
voor een heleboel organismen verdwenen.

Deze ingrepen hebben op het leven in de rivier waarschijnlijk
een grotere invloed gehad dan de ook niet te verwaarlozen
vervuiling. Lozing van giftige stoffen of zuurstofarmoede van
het water ten gevolge van een overmaat aan organische afval kan
plaatselijk een grote hoeveelheid vis doden, maar dergelijke
catastrofes hebben tot nu toe gelukkig beperkte riviergedeelten
getroffen, zodat na verloop van tijd de opengevallen plaatsen
door dieren van elders weer werden aangevuld. Kleine waterbewoners reageren vaak veel sterker op allerlei vormen
van verontreiniging. Wat we plankton noemen, bestaat uit
honderden soorten plantaardige en dierlijke organismen,
die vaak heel speciale eisen stellen aan hun omgeving. Daarom
is de samenstelling van het plankton een goede graadmeter
voor de vervuiling.

Door vervuiling veroorzaakte daling van het zuurstofgehalte
van het water heeft meestal ook een ongunstige invloed
op het aantal weekdieren, kreeftachtigen en insektelarven.
Uit onderzoek naar het voorkomen van bodemdieren in Waal
en Maas blijkt bij voorbeeld duidelijk dat in deze laatste rivier

veel meer soorten slakjes en mosseltjes leven en dat hun aantallen
ook veel groter zijn. Ook muggelarven zitten er heel wat meer
in de Maasbodem, bijna duizend per vierkante meter, tegen
nog niet één in een zelfde oppervlakte Waalslib. De bodem
van beide rivieren bevat wel erg veel organische afval en
dat wordt gelukkig door bepaalde soorten ook nog gewaardeerd.
Tubifex, tot vier centimeter lange rode wormpjes, gedijen
daarin met duizenden per vierkante meter. Soortgelijke tubifex
wordt door aquariumliefhebbers als voer gebruikt. Voor de
vissen in Rijn en Waal vormen de wormpjes de hoofdschotel,
de vissen in de Maas kunnen ter afwisseling van het menu
ook waterpissebedden en muggelarven, slakjes en erwtemosseltjes
uit de bodem halen.

Ondanks het feit dat het voedselaanbod in de Waal beduidend
minder gevarieerd is, is het aantal vissoorten in Waal en Maas
ongeveer gelijk. Dat komt vooral omdat er in de uiterwaarden
nog allerlei met de rivier in open verbinding staande wateren
als strangen en grindgaten zijn. Daar zijn de levensmogelijkheden voor bodemdieren en vooral ook voor vissen heel
wat gunstiger dan in de rivier zelf, waar alleen al vanwege
de intensieve scheepvaart het visseleven erg onplezierig
moet zijn.

Welke vissen in de rivieren voorkomen, is wel bekend, maar
het is niet eenvoudig iets te zeggen over de aantallen. Van
de voor beroepsvissers of hengelaars interessante soorten
weet men meestal wel of ze meer of minder talrijk zijn in vergelijking met 'vroeger', maar van verschillende 'onbelangrijke'
soorten is zelfs dat niet bekend. De kennis van de riviervissen

berust voornamelijk op de vangsten ervan en dat is natuurlijk
maar een erg gebrekkige maatstaf, omdat die lang niet altijd
evenredig zijn aan de werkelijke aantallen van de verschillende
soorten. Helaas is er voor de meeste vissen geen andere manier
van 'waarnemen'.

Door even de buit van een hengelaar langs de rivier te bekijken
kunnen we zien welke vis in elk geval het gretigst hapt.
Dat is de blankvoorn, een lid van de familie der karperachtigen,
waartoe trouwens bijna alle standvissen uit de rivier behoren.
Deze blankvoorn, inderdaad de meest algemene vis in onze
rivieren, is doorgaans niet langer dan vijftien centimeter,
maar kan wel vijfentwintig worden. Ze zijn erg licht van kleur,
alleen de rugzijde glanst donker blauwgroen. De vinnen en
ook de iris van het oog zijn roodachtig. Het uiterlijk komt
sterk overeen met de iets bronskleurige rietvoorn, maar die
is een bewoner van stilstaand binnenwater met veel begroeiing
en bijgevolg een van de weinige vissen die helemaal niet
in de rivieren komen.

Goede tweede op de ranglijst van Nederlandse riviervissen
is de brasem, die veertig centimeter en langer wordt en vooral
groter lijkt door het hooggebouwde lichaam. Zijn vorm wijst
er al op dat hij niet zo'n beste zwemmer is, met een voorkeur
voor minder snel stromend water. In het rustige water van
de gekanaliseerde Maas is deze forse vis dan ook duidelijk
talrijker dan in het ongekanaliseerde deel. De brasem zoekt
zijn voedsel uitsluitend op de bodem. Hij heeft zelfs een
speciale uitstulpbare bek om mosseltjes en wormen uit de modder
te graven. Vooral in de paaitijd, als de wijfjes eieren gaan
leggen, is de brasem prachtig bronskleurig met donkere vinnen,
en dan gemakkelijk te onderscheiden van de veel lichter
gekleurde blei, waarvan de borst- en buikvinnen wat roodachtig zijn. De blei of kolblei is ook zo'n hooggebouwde vis.
In alle rivieren komt hij voor, maar in veel geringer aantal
dan de brasem, waarmee de blei meestal optrekt.

Naast blankvoorn en brasem zijn er nog veel meer vissen,
die blijkbaar iets hogere eisen aan hun omgeving stellen. Ze zijn
daarom meestal niet overal in de rivier aan te treffen, maar
alleen op voor hen geschikte plaatsen. Waarom de ene plaats
wel en de andere niet geschikt is, is lang niet altijd duidelijk.
Er spelen namelijk ook nog andere dan strikt natuurlijke zaken
een rol. De winde bij voorbeeld, een vrij donkere, grijsgroene
voorn met rode vinnen, leeft in het IJsselmeer en paait
onder andere in de IJssel. Maar omdat pootvis uit de IJssel-
monding over het hele land wordt uitgezet, is de winde in allerlei

ander binnenwater terechtgekomen en heeft tegenwoordig een veel groter verspreidingsgebied. Nauw ermee verwante soorten als kopvoorn en sneep hebben behoefte aan stromend water en voor de kanalisatie waren ze in de Maas erg talrijk. Het lijkt erop dat deze vissen zich nu vooral kunnen handhaven dank zij het stuk ongekanaliseerde Maas tussen Borgharen en Maasbracht, dat door de grindbodem en de stevige stroming een ideale paaiplaats voor ze is. Dit 'ongerepte' stuk Maas is als paaiplaats ook van belang voor de barbeel, die tot Limburg beperkt is. In tegenstelling tot de al genoemde soorten is de barbeel een echte bodemvis. Dat is te zien aan de vier baarddraden aan de bovenlip, waarmee deze robuuste, tot een halve meter lange vis 's nachts zijn voedsel vindt. Overdag rusten barbelen in kleine groepen, vooral in de buurt van stuwen. Een andere bodemvis is de grondel, meestal riviergrondel genoemd ter onderscheiding van soortgenoten uit het brakke water van Noord-Holland. Grondels zijn maar tien tot vijftien centimeter lang en hebben twee baarddraden, waarmee ze de bodem afzoeken. Dat doen ze overdag en blijkbaar zijn ze niet zo kieskeurig, want ze komen in alle rivieren voor. Ook een algemeen verspreid riviervisje is de alver, ongeveer even groot, maar juist vooral aan de oppervlakte levend. De consumptiewaarde is gering, maar toch hebben de broodvissers lange tijd veel belangstelling voor dit glanzende voorntje gehad. In Woudrichem werd in 1912 bij voorbeeld 26.441 kilo aan wal gebracht. Uit de schubben werden namelijk de kristallen gehaald die verantwoordelijk zijn voor de fraaie glans, en de daaruit verkregen parel-essence diende voor de aanmaak van kunstparels en soortgelijk glitterspul. Elders in Europa schijnen de alvertjes nog steeds voor dit doel gevangen te worden, in Nederland worden ze hooguit nog als aasvisjes door hengelaars gewaardeerd.

Behalve al deze leden van de familie der karperachtigen zijn er in de rivier ook een paar vertegenwoordigers van de baarsachtigen. Algemeen verspreid is de pos, een hooguit vijftien centimeter lang visje, dat sinds de kanalisatie in de Maas zeer is toegenomen. Dat kan trouwens ook worden gezegd van het heel wat grotere familielid de snoekbaars, waarvan verwacht mag worden dat die zich in de toekomst ook meer zal vertonen in het stilstaande water van het Haringvlietgebied. De gewone baars wordt in de rivieren zelden gevangen, maar is tamelijk talrijk in grindgaten en strangen in de uiterwaarden.

Alle hier opgesomde vissen zijn standvissen, die in hun verspreidingsgebied toch nog wel flinke reizen kunnen ondernemen, omdat ze voor belangrijke zaken als paaien en overwinteren een andere omgeving nodig hebben. De echte trekvissen, soorten die voor een korte of lange tijd helemaal uit het binnenwater verdwijnen, vormen van nature ook een heel belangrijke groep rivierbewoners. Al die soorten moeten helaas behandeld worden onder 'verdwenen trekkers' (bladzijden 38 en 39), want ze zijn er nu niet meer, op één uitzondering na, de aal, de enige overgebleven riviervis met grote commerciële waarde. Officieel is de aal een diepzeevis, die een groeiperiode doormaakt in binnenwateren. De geboorteplaats is de Sargassozee, vanwaaruit de jonge visjes na een ongeveer drie jaar lange reis aan de kusten van Afrika en Europa arriveren als goed zes centimeter lange glasaaltjes. Nog verbazingwekkender dan die lange reis dwars over de Atlantische Oceaan is hun moeizame tocht naar de binnenwateren, waar ze zullen opgroeien. De rivieren benutten ze voornamelijk als trekroute voor de heenweg, en na vier tot tien jaar weer voor de terugtocht als volgroeide schieraal. Voor de riviervissers zijn vooral deze naar zee trekkende alen van belang.

Een mozaïek van watermilieus

Gelukkig voor het leven in het water zijn er naast de gestroom-lijnde rivier hier en daar plezieriger wateren. In de uiterwaard liggen veel diepe en ondiepe stroomgeulen van voormalige rivierlopen, in totaal meer dan driehonderd. En langs de dijken liggen ruim tweehonderd oude doorbraakkolken, en in de laatste jaren zijn er nog een groot aantal diepe zand- en grindputten gemaakt.

Al deze wateren in de uiterwaard hebben meer of minder regelmatig contact met de rivier, wat betekent dat zij elkaar wederzijds beïnvloeden. Planktonorganismen kunnen zich moeilijk ontwikkelen in stromend water, maar zijn des te talrijker in de rustige zijwateren. Het plankton in de Rijn is dan ook voornamelijk daaruit afkomstig en uit zijrivieren. Anderzijds beïnvloedt het verontreinigde rivierwater ook heel sterk het stilstaande water in de uiterwaarden. Oude rivierarmen die voortdurend met het stromende water in contact staan, worden vlak bij die verbinding danig vervuild, maar verder daarvandaan wordt de inwerking van de rivier steeds geringer en de waterkwaliteit steeds beter. Voor allerlei vissen, en met name voor jonge vis, zijn deze rustige uithoeken van de rivier ideaal. In de oude armen leven zelfs nog snoeken, rovers die een grote hekel hebben aan sterke stroming. Erg goed gaat het trouwens niet met de snoeken, want het zijn zeer gewaardeerde sportvissen, die alleen met veel hengelaars-kunst gevangen kunnen worden. Helaas is het aantal sport-vissers dat deze kunst verstaat blijkbaar te groot voor het aantal snoeken.

Voor onderzoekers is het water van oude, open rivierarmen ideaal studieterrein, waar ze vooral door het onderzoek van plankton veel te weten zijn gekomen over het verband tussen waterkwaliteit en planktonbevolking. Voor dergelijk onderzoek zijn ook de niet in open verbinding met de rivier staande strangen en wielen heel belangrijk, omdat daar de rivierinvloed veel geringer is. Afhankelijk van hun ligging worden dergelijke plassen meer of minder vaak door het hoge water bereikt, maar het rivierwater dat er dan stroomt is veel minder verontreinigd (dat wil zeggen, de totale hoeveel-heid verontreiniging in het water blijft gelijk, maar bij hoge waterstanden wordt dat verdeeld over veel meer water). De waterkwaliteit van zulke geïsoleerde plassen is daarom zeer goed, en nog beter is die in de wielen binnendijks, voor zover die tenminste niet gebruikt worden voor afvallozing of vuilstort. De onderzoekers stellen in de eerste plaats belang in het plankton van deze uiterwaardwateren. Voor de wandelaar, die ge-woonlijk niet met een microscoop op zak loopt, valt er echter ook genoeg te zien. De stilstaande, schone wateren met hun vaak weelderig begroeide oevers bieden een geweldige verscheiden-heid aan levensmogelijkheden voor allerlei grotere waterdieren. Helaas is niet iedereen meteen ondersteboven van een rijkdom aan slakken, bloedzuigers en insektelarven. De overvloed aan vissen wordt al evenmin door velen opgemerkt. Maar gelukkig leven er ook amfibieën, dieren dus die zich niet altijd in het water ophouden, maar ook regelmatig aan de oppervlakte zichtbaar zijn. Van de kikkers en salamanders komen veel Nederlandse soorten in de uiterwaarden voor, al gedragen de meeste zich er weinig opvallend. De gewone pad en de bruine kikker komen al vroeg in het voorjaar naar het water om er hun eieren in af te zetten en daarna zie je ze niet veel meer. De groene kikkers daarentegen blijven het hele voorjaar en een deel van de zomer bezig met hun kwaakconcerten en zijn overal langs grote wateren, maar ook in slootjes en poeltjes aanwezig. Wie voorzichtig naderbij komt, kan ze van heel dichtbij zien. En ook als ze van uw bezoek schrikken, komen ze al gauw weer boven water en hervatten hun bezigheden. Rustig kijkend bij zo'n plasje zult u meestal nog wel meer te zien krijgen van waterbewoners. Salamanders bij voorbeeld die af en toe aan de oppervlakte komen om een luchtje te scheppen, of op een warme voorjaarsdag vissen die met veel gespartel hun kuit komen afzetten aan de planten langs de oevers.

Verdwenen trekvissen

Voor veel vissen is de rivier vooral een trekweg. We maakten al kennis met de aal, die in zee wordt geboren en in het binnenland opgroeit. Bij de meeste trekvissen gaat het echter precies andersom. Die worden geboren in het binnenland, gaan dan vroeg of laat via de rivieren naar zee en komen als volwassen exemplaar weer de rivier op om zich in een van soort tot soort verschillende zone in het stroomgebied voort te planten.

Juist deze trekvissen zijn bijzonder getroffen door allerlei veranderingen aan de rivier. Bij veranderingen moeten we weer niet in de eerste plaats denken aan allerlei vormen van waterverontreiniging, maar aan veelsoortige waterstaatkundige werken waardoor het leven en vooral het trekken van deze vissen wordt belemmerd of zelfs onmogelijk gemaakt. Zulke ingrepen ter 'verbetering' van de rivier kunnen op velerlei manieren het milieu wijzigen. Dammen en stuwen zijn voor trekkende vissen barrières, waarvoor zelfs de best functionerende vistrappen geen afdoende oplossing bieden. Door het wegvallen van de stroom in zulke gekanaliseerde riviergedeelten komen de trekvissen in moeilijkheden, omdat ze alleen met behulp van de stroom hun weg naar het paaigebied kunnen vinden. Wanneer ze dat niet of niet op tijd bereiken, komt er van de voortplanting niets terecht.

De laatste jaren is dat nog eens duidelijk gedemonstreerd door de prikken, karakteristieke riviervissen met een palingvorm en -afmeting, maar van de aal te onderscheiden door een uit twee delen bestaande rugvin. Bovendien is de bek heel anders: prikken zijn geen echte vissen, maar behoren tot een primitiever groep van gewervelde dieren, de rondbekken. Ze leven voor een belangrijk deel als parasiet op vissen, waaraan ze zich met hun napvormige bek vastzuigen. Twee soorten, de zeeprik en de rivierprik, kwamen tot voor kort nog regelmatig de rivieren op. De rivierprik werd in de Maas zelfs nog zo regelmatig gevangen dat het de moeite loonde de vangst te exporteren naar onze oosterburen, die de prikken weten te waarderen.

De prikken paaien in beken en rivieren en hun eerste jaren brengen de blinde larven in het binnenwater door. Deze larven worden pas na een gedaanteverwisseling echte jonge prikken van vijftien centimeter lang. Die zwemmen naar zee, groeien daar gedurende twee jaar op (de zeeprik doet er langer over) en komen dan weer de rivieren op om er te paaien. Sinds de afsluiting van het Haringvliet lijkt deze paaitrek een aflopende zaak. De vangsten in het Haringvliet bewijzen dat er nog wel prikken naar binnen komen, maar hogerop in de rivier worden ze nauwelijks meer gevangen. Het lijkt erop dat deze dieren in het stilstaande water van het Haringvliet het spoor naar de paaiplaats kwijtraken.

Anderzijds hebben allerlei reguleringswerken aan de rivier tot gevolg gehad dat de stroom op de meeste plaatsen veel sterker is geworden en dat rustige bochten verdwenen zijn. Voor veel trekkers, die de wekenlange tocht afleggen zonder te eten, kan die sterkere stroom net te veel inspanning vergen, vooral als er niet voldoende rustplaatsen zijn. De trekvissen hadden het toch al niet gemakkelijk, want door hun flinke afmetingen vormden ze voor de broodvissers een felbegeerde buit. In hoeverre de scherpe bevissing van doorslaggevende invloed is geweest op het verdwijnen van de verschillende soorten trekvissen, is achteraf moeilijk na te gaan bij gebrek aan voldoende gegevens. Er werd namelijk pas aan het eind van de vorige eeuw een bescheiden begin gemaakt met het visserijonderzoek. Voor een soort als de steur, waarvan exemplaren van meters lang en een paar honderd kilo zwaar al eeuwenlang de rivieren kwamen opzwemmen en zich heel gemakkelijk lieten vangen, was dat al veel te laat. De steurvisserij was toen al een aflopende zaak: na 1915 zijn er nog maar een paar in de rivieren gevangen. De Noordzeevissers brengen af en toe nog wel eens een steur binnen, maar die is dan vermoedelijk afkomstig uit de monding van de Gironde, die met de Spaanse Guadalquivir de enige Westeuropese rivier is waar nog een klein aantal steuren komt paaien.

Over de zalmen zijn meer gegevens. In 1885 werden er alleen aan het Kralingse Veer, de belangrijkste zalmmarkt, meer dan 100.000 stuks aangevoerd. Deze recordaanvoer werd vooral veroorzaakt door een hoog opgevoerde vangcapaciteit.

De daaropvolgende jaren waren de vangsten aanmerkelijk lager, maar toch bleef de zalm nog tientallen jaren van grote economische betekenis.

De scherpe bevissing viel samen met verbeteringswerken in de rivierbedding en met de aanleg van stuwen, eerst in Zwitserland, in het begin van de eeuw ook in de Duitse Rijn en zijrivieren. Elke stuw betekende weer een verkleining van het paaigebied, want omdat de zalmen hun paaiplaats vrij houden van soortgenoten, zijn de mogelijkheden om naar andere paaigebieden uit te wijken zeer gering. Ter compensatie werden op kosten van Nederland, Duitsland en Zwitserland jaarlijks miljoenen jonge zalmpjes uitgezet, wat

genoeg bleek om de visserij lonend te houden. In 1942 werd het uitzetten gestaakt en in de daaropvolgende jaren verminderde de vangst sterk. Aan het eind van de oorlog werden een paar stuwen en heel wat van de Duitse industrie kapotgebombardeerd. Dat gaf de trekkende zalmen schoner water en weer ruimer doortocht, maar die vreugde was van korte duur. Toen de rivieren weer 'in orde' werden gemaakt, verdwenen de zalmen snel voorgoed uit Rijn en Maas.

Twee andere verdwenen trekvissen zijn de elft en de fint, familieleden van de haring, maar aanmerkelijk groter. De elft, de grootste van de twee, wordt tot zestig centimeter lang. Als bijvangst bij de zalmvisserij werd deze soort zeer gewaardeerd. In 1885 werden er ook van de elft recordaantallen gevangen, maar in de daaropvolgende jaren minderden de vangsten snel en waren na 1910 niet meer van belang.

De elft komt nu in de Nederlandse rivieren nagenoeg niet meer voor. Als voornaamste oorzaak van deze snelle achteruitgang worden ook weer de verbeteringswerken aan de rivieren genoemd. De stroom werd daardoor sterker dan de elft lief is, en veel paaiplaatsen verdwenen. Het is niet precies bekend waar de elft paaide, maar men vermoedt dat deze vis daarvoor niet zo erg ver stroomopwaarts ging, maar in Nederland of vrij kort voorbij de grens in ondiepe stukken langs de rivier de eieren afzette. Juist dergelijke ondiepten verdwenen bij de reguleringswerkzaamheden.

Tegelijk met de achteruitgang van de elft nam de geregistreerde vangst van fint toe. Dat betekent overigens niet dat de stand van de fint groeide. Door het gedeeltelijk wegvallen van zalm- en elftvangst kreeg de kleinere fint meer waarde. De vangsten werden geleidelijk groter, met als topjaar 1939, toen er één miljoen werden aangevoerd. De fint paait net boven het brakke water, dus in gebieden als de Biesbosch, en hoeft daarvoor niet zo'n erg lange en gevaarlijke reis te maken. Toch is na 1939 de stand zeer sterk afgenomen en de laatste jaren werd maar af en toe nog het paaien in de Biesbosch en omgeving vastgesteld. Sinds de afsluiting van het Haringvliet is ook de fint uit onze rivieren aan het verdwijnen.

Aal, prik, steur, zalm, elft en fint zijn niet de enige trekkers. Volledigheidshalve dient nog de zeeforel genoemd te worden en de sinds 1930 verdwenen houting. En dan de spiering, de enige die zich aan de verandering lijkt te hebben aangepast. De spieringen die voorheen de IJssel op trokken om daar te paaien, zijn nu standvissen van het IJsselmeer geworden. In de Bergse Maas werd tot voor kort ook nog regelmatig spiering gevangen, maar de vissers hebben intussen de hoop opgegeven dat na afsluiting van het Haringvliet zich daar een spieringpopulatie zou kunnen handhaven.

Ten slotte dient nog even een andere soort trekker vermeld te worden, de bot, die er vroeger een gewoonte van maakte ver de rivieren op te zwemmen. In de zomer werden dergelijke reislustige platvissen tot in Keulen en Maastricht gevangen, maar dat is ook al weer heel lang geleden.

Links: Rietzanger
Hieronder: Blauwe reiger

Vogelleven in rivierenland

Twaalf maanden 'vogelen'

De variatie in landschapstypen aan de rivieren is zo groot dat bijna alle Nederlandse vogelsoorten er kunnen voorkomen.
Die soortenrijkdom en de overzichtelijkheid van de meeste landschappen maken de rivierstreek tot een geliefd excursiedoel voor vogelliefhebbers en tot ideaal startpunt voor de beginner, die met behulp van een van de vele vogelgidsen in korte tijd veel soorten kan leren kennen. Een jaar lang regelmatig waarnemen op dezelfde plek biedt al veel mogelijkheden, want de vogelbevolking wisselt sterk met de seizoenen.
In de winter is het landschap het best te overzien. Bij hoge waterstand reikt de rivier van bandijk tot bandijk, voor veel watervogels een ideale situatie. Die zitten lang niet allemaal op dezelfde plek: sommige duikeenden, die leven van schelpdieren en dergelijke, en de verschillende soorten zaagbekken, die vis eten, verblijven in dieper water en komen alleen bij harde wind wel eens in de luwte onder de dijk. Veel eenden zijn zaad- en graseters, die op de overstroomde uiterwaarden fourageren, of daar alleen maar rusten om 's nachts uit te zwermen over de naburige weilanden. Ook ganzen gebruiken het water voornamelijk als rustplaats en als wasgelegenheid. Hun voedselgebied ligt meestal verder het binnenland in.
Wanneer in het voorjaar het rivierpeil weer zakt, blijven de drassige uiterwaarden nog lang bevolkt met allerlei soorten eenden. In maart krijgen deze gezelschap van groepen grutto's en kemphanen, trekvogels die dan ineens weer uit het zuiden teruggekeerd zijn. In maart en begin april kan het aantal vogelsoorten groot zijn: de meeste wintergasten zijn nog aanwezig, omdat het in Scandinavië en Rusland dan nog winter is, maar ongeduldige trekkers uit het zuiden zijn al weer terug in de Lage Landen aan zee, die voor sommige broedgebied, voor andere alleen maar een voedselrijk tussenstation op de tocht noordwaarts zijn.
In mei zijn er in de uiterwaarden meestal duidelijk twee biotopen te onderscheiden: de graslanden en de nattere delen. De graslanden worden bijna overal als hooiland gebruikt en pas laat gemaaid, zodat de weidevogels daar alle tijd hebben om ongestoord hun kroost op te voeden. De natte delen zijn meestal oude rivierbeddingen en wielen, met grote stukken open water en een meer of minder uitgestrekte moerassige oeverstrook. Op het open water vallen in mei vooral de futen op, die bedrijvig bezig zijn met hun paardansen, en de meerkoeten, die blijkbaar steeds iets nieuws vinden waarover ze met hun buren kunnen bakkeleien.
In Limburg, waar op de meeste plaatsen de uiterwaarden langs de Maas ontbreken, zijn in het gevarieerde landschap langs de oevers weer heel andere vogels te vinden. In de steile wanden van de ondermijnde Maasoevers nestelt een enkel keertje nog wel eens een ijsvogel. Algemener zijn er de oeverzwaluwen, die in de wanden hun nestholte graven. En op de kiezelvlakten bij de grindgaten broeden de kleine plevieren. Deze twee

Geheel links: Trekvogels op een slik in de IJsseldelta, op de voorgrond kieviten, kemphanen en lepelaars
Links: Als de jonge oeverzwaluwen groot zijn, wachten ze aan de ingang van het nesthol op hun ouders
Hieronder: Op rustige zand- of grindvlakten broedt hier en daar de kleine plevier

laatste soorten zijn ook elders langs de rivier wel te zien op plaatsen waar grootscheeps graafwerk wordt verricht. Meestal zijn die broedgelegenheden echter maar tijdelijk en bijna steeds ontstaan ten koste van een heel wat fraaier landschap. In het voorjaar zijn de vogels zelfs 's nachts actief. Het is dan ook zeker aan te raden eens een nachtje uit wandelen of fietsen te gaan over de rivierdijken. Helemaal stil is het er ook dan niet, want grote duwcombinaties schijnen zich geen nachtrust te kunnen permitteren. Maar het is er toch rustig genoeg om allerlei vogels te horen: de verschillende soorten uilen, de geheimzinnige roep van de roerdomp, de rauwe kreten van een reiger en het merkwaardige geluid van de kwartelkoning, een van de meest karakteristieke uiterwaardbewoners. Als het licht wordt, nemen de zangvogels van wei- en rietland het weer over en krijgen al gauw het hoogste woord. Als die allemaal uit het zuiden zijn teruggekeerd, is het moeilijk om in dat uitbundige koor van karekieten en rietzangers, snor en rietgors, baardmees en blauwborst precies aan te wijzen wie wie is. Beter is het al vroeg in het seizoen kennis te maken met de allereerste zangers, en daarna de later arriverende een voor een te ontdekken.

De seizoenen gaan ongemerkt in elkaar over. Als de uiterwaarden worden gehooid, weerklinkt overal nog de angstroep van de grutto's, die hun kleine jongen proberen weg te lokken van de gevaarlijkste plaatsen. Maar tegelijkertijd zie je op de gladgeschoren grasmat al weer troepen kieviten, blijkbaar klaar met het broedbedrijf en al weer bezig aan de zomerse trek. Zij vormen de voorboden van een heel leger trekvogels, dat in de zomermaanden in het rivierengebied zal pleisteren. Allerlei steltlopers en ook de statige lepelaars komen dan aan de slikkige oevers van rivieren en plassen hun voedsel zoeken. Die slikkige stukken zijn vooral in het mondingsgebied van de rivieren te vinden, dus in de Biesbosch en meer westwaarts daarvan, maar evengoed in de omgeving van de IJsseldelta, in het Zwarte Meer.

Griendhoutpercelen en verspreide knotwilgen bieden weer andere vogelsoorten onderdak. Vooral op de laaggelegen komgronden tússen de rivieren zijn nog veel uitgestrekte complexen griendhout. Op de hogere gronden vind je vaak nog grote boomgaarden of er zijn kastelen en buitenhuizen met een gevarieerd en uitgestrekt park er omheen. Al deze 'bossen' herbergen een eigen broedvogelbevolking met soms bijzondere soorten, die in andere gebieden nauwelijks voorkomen. Zo'n vogel is de putter, een bontgekleurd familielid van sijsje en groenling, waarvan het eerste broedgeval in 1919 bij Wageningen werd geconstateerd. Nu zijn er bijna driehonderd broedparen en de meeste daarvan hebben een duidelijke voorkeur voor de hoogstamfruitbomen. De laatste jaren is gebleken dat ze ook met andere broedgelegenheid genoegen nemen, wat maar gelukkig is, want de fruitbomen halen tegenwoordig vaak niet meer dan manshoogte.

Bovenste foto: Wilde eenden, woerden in de ruitijd
Middelste foto: Slobeend in voorjaarskleed
Onderste foto: Kuifeenden

Waterwild

Om een beetje meer inzicht te krijgen in het grote aantal vogelsoorten dat onder waterwild - eenden, ganzen en zwanen - wordt begrepen, kunnen we beginnen met de trekvogels, die alleen in het winterhalfjaar hier zijn, te onderscheiden van de broedvogels. Het is het eenvoudigst om met de broedvogels te beginnen, want dat zijn er maar een handvol. Eén soort zwaan is erbij, de knobbelzwaan, dezelfde die ook leeft en broedt in vijvers en parken en het is de vraag in hoeverre de broedvogels in polderland en uiterwaard tot de wilde vogels mogen worden gerekend.

De andere broedvogels zijn allemaal eenden, waarbij met betrekking tot de wilde eend dezelfde twijfel rijst omtrent de 'wildheid' van een heleboel exemplaren: er zijn er nogal wat bij met een afwijkende kleur of tekening, wat duidt op een erg nauwe relatie met witte of bonte parkeenden. Ze gedragen zich echter wel degelijk 'wild' en zijn evenals de andere eendesoorten steeds op hun hoede. Geen wonder, als je steeds bedacht moet zijn op een schot hagel. Het valt dan ook niet mee de eenden in het wild goed te bekijken; ongemerkt dichterbij sluipen is er niet bij.

Een goede kijker is daarom ook noodzakelijk. In wielen en strangen langs de dijk, maar ook in poldersloten kunnen we daarmee een goed beeld krijgen van deze vogels en hun doen en laten. In het voorjaar tenminste; in de zomer lijken alle eenden te zijn verdwenen, want maar zelden zie je er dan een. Dat komt omdat eenden in de zomermaanden in de rui zijn en dat proces verloopt niet ongemerkt voor het waterwild: ze verliezen zoveel slagpennen tegelijk dat ze tijdelijk niet kunnen vliegen. De dichte riet- en ruigtevelden in de plassen langs de rivier en vooral ook in het mondingsgebied zijn voor deze dieren dan ideale schuilplaatsen, met genoeg voedsel en rust en bescherming tegen de vele gevaren die een eend bedreigen.

De zomer is dus niet de beste tijd om eenden te bestuderen, vooral ook niet omdat ze er tijdens die omkleedpartij niet op hun voordeligst uitzien. Het mooist zijn ze in het vroege voorjaar, wanneer de woerden (de mannetjeseenden) ook nog allerlei opvallende houdingen aannemen en bewegingen uitvoeren om de aandacht van de veel minder kleurige wijfjes te trekken.

In februari zijn de wilde eenden al volop met deze hofmakerij bezig en wie dat dan onder goede belichting kan bekijken,

zal zeker onder de indruk komen van het schitterende uiterlijk van zo'n 'gewone' vogel. Alle eendesoorten blijken trouwens ongedacht mooi als je de kans krijgt ze op hun voorjaarsbest te zien. De felle, glanzende kleuren van de bonte slobeend springen het eerst in het oog, maar met een beetje geluk - dat vaak wel een hele poos op zich laat wachten - krijgt u ook een geraffineerd getekend eendje als de zomertaling te zien. De forse, felwitte oogstreep valt het eerst op en onderscheidt hem van de even grote wintertaling met zijn groenglanzende wangvlek. Maar adembenemend mooi zijn vooral de heel fijne lijntjes waarmee alle veren, en vooral die op de lichtgrijze flanken, zijn getekend.

Zomertaling en slobeend zijn geen van beide algemeen voorkomende broedvogels in ons land, maar in het rivierengebied en het daarop aansluitende polderland zijn ze goed vertegenwoordigd. De zomertalingen komen er inderdaad alleen maar in de zomer voor, de wintermaanden brengen ze in Zuid-Europa en vooral Afrika door. De wintertalingen overwinteren juist talrijk in onze streken en nestelen voornamelijk noordelijker; een klein aantal broedt in ons land. Volledigheidshalve dienen als broedvogels ook nog genoemd te worden de pijlstaart en de krakeend, hoewel beide tot de zeldzaamheden gerekend moeten worden.

De kuifeend broedt er wel redelijk veel. Die kan niet in één adem vermeld worden met de hierboven genoemde soorten, omdat die allemaal tot de zwemeenden behoren, soorten die hun overwegend plantaardig voedsel zwemmend of lopend zoeken. De kuifeend is, net als de sporadisch langs de rivier broedende tafeleend, een duikeend, die zijn voedsel duikend bemachtigt. Waterplanten, maar vooral dierlijke prooi (het meest schelpdieren) worden opgedoken van een diepte tot vier meter, hoewel een duikdiepte van één tot twee meter de voorkeur heeft. De kuifeend, die gemakkelijker te herkennen is aan de scherp afgetekende witte flank dan aan het sierlijke maar weinig opvallende kuifje, heeft zich de laatste tientallen jaren pas goed als broedvogel in Nederland gevestigd. De meeste broeden in Noord-Holland, maar de soort breidt zich nog steeds uit en de laatste jaren worden ook in het gebied van de grote rivieren steeds meer broedgevallen vastgesteld.

Hij is een van de soorten die we ook in de trektijd bij de rivier terugzien, vaak in grote aantallen. In Nederland verblijven dan tienduizenden van deze vogels uit noordelijker broedgebied en vooral in strenge winters, wanneer veel open water dichtvriest, zoeken vele hun heil op de rivier, meestal in gezelschap van meerkoeten en van de verwante tafeleenden. Daartussen zien we dan ook vaak kleine aantallen andere duikers: de brilduiker, waarvan vooral het mannetje opvallend zwart en wit getekend is met een zeer duidelijke witte vlek tussen oog en snavel, de grote zaagbek, met nog meer wit, en het nonnetje, dat op wat donkere strepen na helemaal wit is.

De wijfjes van brilduiker, zaagbek en nonnetje zijn minder gemakkelijk te herkennen omdat ze alle drie nogal grauw zijn, met aan de kop veel bruin. Maar meestal kunnen we aan de samenstelling van de groepen wel zien wie bij wie hoort, zeker aan het einde van de winter, wanneer deze eenden steeds vaker hun baltsgedrag gaan vertonen. De meest opvallende bewegingen daarbij zijn het met een ruk achterover gooien van de kop en de imponeerhouding met vooruitgestoken, boven water uit komende borst. Hoewel de wijfjes niet laten blijken dat ze erg onder de indruk zijn van al dat vertoon van die mooie jongens, zijn ze toch duidelijk aanleiding en middelpunt ervan.

Ook de andere duikeenden houden zich al vroeg in het jaar met deze hofmakerij bezig, evenals de zwemeenden. Daarvan zijn de aantallen in de nawinter het grootst. Vooral als dan de uiterwaarden bij hoge waterstand overstroomd zijn of nog drassig van een vorige overstroming, zijn ze zeer geliefd bij doortrekkende eenden. Wintertalingen verblijven er dan vaak met duizenden en ook de soorten die anders slechts sporadisch te zien zijn, kunnen we er bewonderen, pijlstaarten en smienten bij voorbeeld.

Drassige uiterwaarden zijn ook bij uitstek gunstige gebieden voor zwanen. De wilde zwaan, even groot als 'onze' knobbel- zwaan, en de kleine zwaan, die inderdaad een stuk kleiner is, zijn in Nederland vooral doortrekkers, maar enkele overwinteren hier ook. Meer of minder ondergelopen uiterwaarden zijn voor de zwanen en voor de zwemeenden erg belangrijk, omdat ze er zwemmend kunnen 'grazen'. Wanneer de uiter- waarden helemaal droog zijn, verblijft het meeste waterwild meer westelijk, in het mondingsgebied van de rivieren, waar de getijdebeweging extra fourageermogelijkheden schept en waar bovendien in die brede getijdezone betrekkelijk rustige pleister- en slaapplaatsen zijn. Sinds de afsluiting van het Haringvliet is de getijdebeweging in de Rijndelta heel wat minder geworden, met name langs het voor de vogels zo belangrijke Hollands Diep- Haringvlietgebied. Toch komen ze hier in najaar en winter (nog?) in grote aantallen.

Vooral ook de ganzen brengen hier de winter door. Voor één soort zijn de slikken van het getijdegebied als voedselbron van belang: de grauwe gans eet er de knolletjes van de zeebies. De meeste soorten grazen op de graslanden langs de rivier en in de polders. Elke avond keren ze terug naar het water om daar in ondiepten of op zand- en slikbanken te overnachten. Juist deze combinatie van uitgestrekte voedselterreinen en rustige slaapplaatsen maakt het mondingsgebied van rivieren geschikt als winterverblijf voor tienduizenden ganzen.

Alle soorten kunnen er waargenomen worden, al is de rotgans, een typische liefhebber van zilte gronden, alleen maar in het uiterste westen van de delta te vinden. De brandgans, her- kenbaar aan de bijna helemaal witte kop, heeft ook wel een voorkeur voor zilte gebieden, maar neemt het toch niet zo nauw. Rondom het Hellegatsplein in het Haringvliet is een van de belangrijkste winterverblijfplaatsen van deze ganzen, die vandaar kunnen uitzwermen naar de gorzen langs het Hollands Diep. De andere soorten, de kol-, de riet- en de al genoemde grauwe gans, komen ook verder landinwaarts voor. Voor hen is de Biesbosch een belangrijk steunpunt, vanwaar ze uitvliegen naar omliggende polders als het Land van Heusden en Altena en de Alblasserwaard.

Maar ook verder in het binnenland is langs de rivier op veel plaatsen genoeg grasland te vinden. Wanneer daar in de buurt bovendien een flink stuk open water is dat als slaapplaats kan dienen, zijn de ganzen er ook, rietganzen vooral, en kol- ganzen. De rivier zelf is als slaapplaats niet rustig genoeg, maar de Kil van Hurwenen bij voorbeeld wel. Vanuit dergelijke slaapplaatsen verspreiden de vogels zich in de omgeving en ook trekken ze van de ene plek langs de rivier naar de andere. In de wintermaanden zijn aan de rivier dan ook regelmatig ganzen te zien. Meestal vliegen ze daar in kleine troepjes rond, soms wel een paar honderd vogels bij elkaar, maar dat is nog erg weinig in vergelijking met de aantallen in het mondings- gebied, die gemakkelijk boven de tienduizend kunnen stijgen. Januari en februari zijn meestal de topmaanden, maar na een lange, strenge winter kunnen er zich in maart nog veel grotere troepen concentreren, blijkbaar in afwachting van beter weer in hun noordelijk broedgebied.

Futen

Hoewel de fuut beslist niet zo'n talrijke broedvogel is, is deze
statige verschijning toch een van de meest bekende watervogels.
Dat komt wellicht omdat hij heel regelmatig verspreid over
het natte deel van het land voorkomt, maar zeker ook wel
door zijn uiterlijk. De diepbruine tinten van de rugzijde,
de sierlijke tweedelige kuif en fluwelige kraag en vooral de
soepele manier waarop deze vogel zich op en in het water
beweegt, vragen gewoon om extra aandacht.
Bovendien geven de futen ons volop gelegenheid om hen
te bewonderen, want erg schuw zijn ze niet. Op de rivier zelf
zwemmen ze niet vaak, maar des te meer in kleiputten,
op wielen en oude rivierlopen, die soms vlak onder de dijk liggen,
zodat we daar een logeplaats hebben. In het vroege voorjaar
is het zeer de moeite waard eens een tijdje te blijven zitten
op zo'n plekje, en wel het liefst ergens langs een plas, waarop
verscheidene futen tegelijkertijd zwemmen. Dat zijn dan meestal
enkele paren met een aan elkaar grenzend territorium en
dat biedt ons de gelegenheid te zien hoe verschillend de futen
hun partner en hun buurman bejegenen. Met die buurman
worden soms grensgeschillen uitgevochten, compleet met duikaanvallen. Maar meestal blijft het bij dreigend op elkaar
toezwemmen; de grens is dan al nauwkeurig afgebakend
en beide weten precies hoe ver ze kunnen gaan.
De futen zijn blijkbaar al gepaard als ze in het broedgebied
aankomen. Toch zijn ze nog een groot deel van de dag met
hofmakerijen bezig. Er zijn weinig vogels met zo'n uitgebreid
en gevarieerd programma van baltshoudingen. Het hoogtepunt
daarvan is de zogenaamde pinguïndans, waarvoor beide vogels
uit het water opduiken met een sliertje waterplanten in de bek.
Ze zwemmen naar elkaar toe en lijken dan samen uit het
water op te stijgen. Hevig watertrappelend staan ze een poos
borst aan borst tegen elkaar gedrukt, waarbij ze de kop
horizontaal heen en weer schudden.
Deze ingewikkelde dans is tevens de minst voorkomende.
Meestal volstaan de futen met een eenvoudiger ceremonie,
waarbij de vogels naar elkaar toe zwemmen, de kop krampachtig
voorover buigen en nadrukkelijk schudden. Bij al deze
gedragingen spelen de sierveren van kuif en kraag een grote
rol; ze worden mede als uitdrukkingsmiddel gebruikt.
Tussen de bedrijven door wordt aan het drijvende nest gebouwd.
Dat ligt aan de waterrand, meestal tussen de eerste oeverplanten, zodat het met wat geluk van de dijk af goed te zien is.

Het is het centrum van de meeste baltshandelingen en wanneer
het stevig genoeg is uitgebouwd, vindt daarop ook de paring
plaats.
Ook als de eieren gelegd zijn is er nog genoeg te zien aan zo'n
futenpaar: de aflossingen tijdens het broeden, schermutselingen
met buurlieden of met brutale meerkoeten. En dan komen
de jongen, kostelijk gestreepte donsballetjes, die meestal op de
rug van de ouders meevaren. In het begin worden ze met
insekten gevoerd, maar al heel gauw krijgen ze de eerste visjes.
Meer dan tien weken zijn ze van hun ouders afhankelijk; er is
dus tijd genoeg om te bekijken met hoeveel zorg de futen
hun kroost omringen.
Ondanks die ouderlijke zorg gaat er toch nogal eens wat mis.
Gemiddeld worden er vier eieren gelegd, maar het aantal jongen
dat uiteindelijk groot komt is meestal veel kleiner. Er vallen
heel wat jonge fuutjes aan snoeken ten offer. Ook de legsels
schijnen nogal eens verloren te gaan, zodat de vogels opnieuw
moeten beginnen. Tot in augustus kunnen we nog dergelijke
pechvogels zien broeden.
In 1966 en 1967 is in Nederland een nauwkeurig onderzoek
verricht naar het aantal broedparen. Het laatste jaar gaf de
hoogste uitkomst, tussen 3301 en 3406 paren. Vergelijking
met de spaarzame gegevens uit vroeger jaren doet vermoeden
dat het aantal in de loop van deze eeuw is toegenomen. Rond
de eeuwwisseling was het satijnachtige verenkleed van
borst en buik zeer gewild als bont. Dat raakte gelukkig uit de
mode, maar daarna waren er overal nog vissers, die het niet
zo best met deze concurrent konden vinden.
Volledige bescherming van de vogels en van verschillende broedplaatsen zijn de stand zeker ten goede gekomen. Maar vooral
belangrijk is dat door allerlei inpolderingen in het IJsselmeer
en ook elders veel waterplassen zijn ontstaan, waar de fuut zich
helemaal thuis voelt. Langs de rivieren broedt dan ook maar
een goede tien procent van de Nederlandse futenbevolking.
Een veel kleiner familielid van de fuut, de dodaars, is langs de
rivieren ook niet zeldzaam. Maar hij gedraagt zich heel wat
minder opvallend en leeft ook liefst in ruiger, minder over-
zichtelijk terrein. In de broedtijd krijgen we ze dan ook niet
vaak te zien. Wel kunnen we dan, vooral in de buurt van
kleiputten en in dicht begroeide strangen, het merkwaardige
geluid van dit kleine fuutje horen, een ver dragende, hoge triller,
die vaak als 'hinnikend' wordt omschreven. In de wintermaanden
zijn deze kleine duikertjes wel regelmatig op het open water
gade te slaan.

Koeten, hoentjes en rallen

Rallen en bleshoenders is de officiële verzamelnaam voor een groep water- en moerasvogels, waartoe de bekende meerkoeten en waterhoentjes behoren en een aantal teruggetrokken levende rallen. De beide bleshoenders, het waterhoentje met een rode en de iets plompere meerkoet met een witte bles, komen in allerlei wateren langs de rivier voor. Daarbij lijkt de meerkoet het talrijkst, maar dat komt omdat die een voorkeur heeft voor meer open water en daarbij dus eerder in het oog zwemt. Waterhoentjes zijn ook niet schuw, maar houden zich toch het liefst op tussen de oeverplanten. Ook hun nest maken ze tussen beschuttende begroeiing, zodat het familieleven van de waterkippetjes zich grotendeels aan onze belangstelling onttrekt. Meerkoeten hebben blijkbaar niet zo'n behoefte aan privacy. Langs wielen en strangen maken ze hun nest vaak aan de rand van de oeverbegroeiing en wel zo dat we het vanaf de dijk soms goed kunnen bekijken. Dat biedt dan een uitstekende gelegenheid om te zien hoe fanatiek deze vogels de omgeving van hun nest tegen indringers verdedigen. Alle soortgenoten worden op flinke afstand gehouden en ook andere watervogels worden fel aangevallen. Vanaf de dijk kunnen we met een kijker tevens gemakkelijk zien wat de meerkoeten zoal eten. Op hun afwisselend menu staat vooral plantenkost: jonge scheuten van riet en andere oeverplanten, knoppen, zaden en vruchten,

maar ook algen en gras. Ze verzamelen al dat lekkers zwemmend, duikend of rondlopend. Wat ze daarbij op of aan het water aan insekten tegenkomen, is meegenomen. De jongen leven de eerste dagen zelfs uitsluitend van dierlijk voedsel, dat hun door de ouders wordt voorgehouden.

In de winter staan plantedelen nog steeds bovenaan op hun spijslijst, maar dan wordt daarnaast ook veel tijd besteed aan het opduiken van zoetwatermosseltjes uit plassen en kanalen. De koeten vertonen dan een heel ander gedrag dan in de broedtijd. Ze houden er geen eigen terrein meer op na, maar leven in vaak heel grote troepen langs open water. Op wielen en strangen in de uiterwaard zijn ze dan heel talrijk. Bij strenge vorst, wanneer elders veel water dichtvriest, komen ze ook op de rivier zelf. Die wintervogels behoren maar voor een deel tot onze broedvogels. Daarvan trekt namelijk zowat de helft naar zuidelijker streken, maar de plaats van de trekkers wordt ingenomen door een veel groter aantal koeten uit noordelijke en oostelijke gebieden. Alleen in winters met veel ijs en sneeuw trekken er vele nog verder zuidwaarts. Helaas stellen de meeste koeten dat vertrek te lang uit, zodat in een dergelijke winter veel slachtoffers vallen.

In onze ogen even 'zorgeloos' gedragen zich de waterhoentjes. Hoeveel daarvan in het najaar naar het zuiden trekken, is niet bekend, maar zeker is wel dat er in de winter ongeveer even veel zijn als in de zomer. In een zachte winter hebben

deze hoentjes het al moeilijk genoeg, maar als door sneeuw en ijs alle voedselbronnen worden afgesloten, wordt het leven op den duur onmogelijk voor ze. Het duurt meestal jaren voordat de stand zo'n strenge winter weer te boven is. De verschillende soorten rallen verdienen een nadere introductie, omdat de kans dat u ze ooit te zíen krijgt, maar gering is. De meeste soorten zijn zeldzaam; bovendien gedragen ze zich zeer geheimzinnig en houden zich steeds op in dichte vegetatie. Ze zijn ook maar klein: de grootste, de waterral, is al beduidend minder van postuur en veel slanker dan het waterhoentje. Zich met zijn lange tenen overal aan vastgrijpend scharrelt hij behendig door de oeverbegroeiing en tussen de waterplanten of waadt door ondiep water. Zijn licht gebogen snavel is lang en daarmee onderscheidt hij zich van de andere, kleinere rallen in het moeras: het porseleinhoen, het klein waterhoen en het kleinst waterhoen. Het grootteverschil tussen de laatste twee is maar één centimeter en ook in uiterlijk en gedrag komen ze sterk overeen. Veel is van dat gedrag niet bekend, want beide zijn heel zeldzame broedvogels en het enige duidelijke levensteken van deze verborgen levende moerasbewoners is hun geluid. Alleen heel ervaren vogelaars kunnen daaruit opmaken of het van het klein of het kleinst waterhoen afkomstig is. Het geluid van de andere rallen geeft wat meer houvast. De roep van het porseleinhoen is onmiskenbaar: een eindeloos herhaald, hoog 'kwiet-kwiet . . .' De waterral daarentegen heeft een uitgebreid repertoire van knorrende, klokkende, kreunende en gillende geluiden, die je meestal niet meteen aan een vogel doet denken.

De geluiden van deze twee moerasbewonende rallen zijn vooral 's nachts te horen. Bij een nachtelijke dijkexcursie in het voorjaar kunt u ook nog kennis maken met een andere ral, die meer op het droge leeft, maar daar even heimelijk rondsluipt. De roep van deze kwartelkoning bestaat uit een raspend, tweedelig 'krrek-krrek', dat steeds krachtig wordt herhaald. Ook overdag is dit geluid wel te horen. Dan kunnen we vaststellen dat het ergens uit het hooiland komt, maar het is heel moeilijk precies te lokaliseren.

Deze kwartelkoning heeft een voorkeur voor kruidenrijke ruige graslanden, een terreintype dat vroeger in het hele land te zien was. Door betere ontwatering van het 'binnenland' en andere cultuurmaatregelen wordt het grasland voor de boer steeds beter en tegelijk voor de kwartelkoning steeds minder ideaal. Vooral ook het voortdurend vroeger maaien maakt veel terreinen voor hem ongeschikt, omdat hij als echte zomervogel het broedseizoen pas in juni laat beginnen. De uiterwaarden langs de grote rivieren, waar het hooiland nog precies aan de wensen van de kwartelkoningen voldoet, herbergen daarom meer dan de helft van de paar honderd Nederlandse broedvogels.

Purperreiger

Reigers

Viseters als aalscholver en reiger werden in de tijden dat veel mensen langs de rivier nog als broodvisser moesten zien rond te komen, als zware concurrenten beschouwd. Niet helemaal ten onrechte, want beide vogels kunnen een aardig maaltje vis aan. Toch is, afgezien van een enkel geval waarin een vogel een viskwekerij als luilekkerland ontdekte, nooit gebleken dat deze vogels schade toebrachten aan de visstand. Trouwens, de bestrijding van aalscholvers en reigers, waarmee men in de jaren rond de eeuwwisseling toch fervent bezig was, heeft evenmin aanwijsbare gevolgen gehad voor de stand van deze vogels. Pas toen de visserij achteruitging, ging het ook de viseters slechter, maar de cijfers wijzen erop dat de reigers hiervan niet zo veel nadeel ondervonden. Misschien zijn deze door hun meer gevarieerd menu en omdat ze kunnen vissen onder uiteenlopende omstandigheden gemakkelijk in staat zich aan te passen aan een gewijzigde voedselsituatie.

De oudst bekende schatting van het aantal broedparen van de blauwe reiger is uit 1909. Toen waren er rond 10.000 en dat aantal is langzaam gezakt; in 1956 gaf een landelijke telling een totaal van ruim 5100 nesten. Een rampjaar voor de reigers was 1963: de winter was uitzonderlijk streng en massa's reigers stierven, zodat veel kolonies dat jaar maar voor de helft bezet werden. Pas in dat jaar werd de reiger een volledig beschermde vogel. Sinds 1963 zijn de winters vrij mild geweest en het aantal blauwe reigers is langzaam toegenomen. Juiste aantallen zijn niet bekend, maar het aantal paren zal toch wel weer boven de 5000 liggen.

Zo'n strenge, en vooral langdurige, winter is voor de blauwe reigers catastrofaal. Sommige trekken tegen de winter wel weg, maar de meeste vinden het blijkbaar niet de moeite waard, omdat ze toch al weer heel vroeg in het jaar terug moeten zijn; in februari zitten ze vaak al weer te broeden!

Dat broeden gebeurt in kolonieverband, waarbij de nesten soms maar een paar meter van elkaar zitten, soms ook tientallen meters uiteen. Over het hele land vinden we deze kolonies, maar het meest in de noorden en westen, waar de poldergebieden blijkbaar grote aantrekkingskracht op reigers hebben.

Ook dicht bij de rivieren zijn verscheidene kolonies. Sommige zijn gehuisvest in het hoge geboomte van landgoederen, maar de meeste in doorgeschoten wilgen van verwaarloosde grienden, zoals in de Biesbosch en langs de Linge. De laatstgenoemde kolonie is heel goed te overzien vanaf de Zuiderlinge-

dijk ten zuiden van het dorp Heukelum. Vanaf die dijk zie je
in het vroege voorjaar niet alleen de broedende vogels op de
nesten, maar ook de uitgebreide ceremoniën die de reigers
uitvoeren voordat het zover is. In april kunnen er jongen zijn
en met wat geluk kunnen toeschouwers op de dijk dan getuige zijn
van een voerbeurt op het nest. Begin mei wordt dat schouwspel
aan het oog onttrokken door het steeds dichter wordende
gebladerte en de reigers zijn dan alleen nog te zien als ze af en
aan vliegen, of wanneer ze vissen in de omgeving.
Niet alle vissende reigers bij de rivieren zijn blauwe reigers;
er komen ook nog purperreigers voor. Deze reigersoort is meer
roodbruin van kleur; bij slechte belichting maakt hij een
donkerder indruk. Maar pas als u het geluk hebt een vissende
purperreiger van niet te grote afstand rustig te kunnen bekijken,
zult u zien uit welk een geraffineerde combinatie van wondermooie tinten dat 'purper' is opgebouwd. Het zal u dan ook
duidelijk worden dat we hier vooral te doen hebben met een
bewoner van riet en moeras: kleur en gedrag zijn daaraan
aangepast.
De vogel maakt zijn nest bij voorkeur op de grond, in het riet,
maar ook wel in wilgestruiken. Hij zoekt er liefst uitgestrekte
moerassen voor uit, want hij is erg op rust gesteld. De natuurbeschermingsinstanties hebben dan ook hun best gedaan
om deze broedgebieden, die bij de rivieren liggen, maar ook
in de Utrechts-Zuidhollandse en Overijssels-Friese laagveen-
streken, zo veel mogelijk te beschermen. Het gevolg ervan is een
duidelijk vastgestelde toename van het aantal broedparen.

Nog drie andere reigersoorten broeden in het rivierengebied.
Zeer zeldzaam is de kwak of nachtreiger, waarvan zich al enkele
tientallen jaren een kolonie weet te handhaven in de Biesbosch.
Soms wordt ook een broedvogel gemeld uit het midden
van het land, maar aan zulke zeldzaamheden wordt om
begrijpelijke redenen meestal niet veel ruchtbaarheid gegeven.
De kwak zelf gedraagt zich bovendien nogal onopvallend,
zodat zulke broedgevallen ook wel aan de aandacht kunnen
ontsnappen.
De twee andere reigerachtigen, de roerdomp en het wouwaapje,
vertonen zich eveneens maar zelden. Te hóren is de roerdomp
wel overal op moerassige plaatsen bij de rivieren, maar van
het nog meer verborgen levende wouwaapje merk je zo weinig,
dat de meeste mensen die van kindsbeen af in het rivierengebied
wonen, de vogel niet eens kennen.

De aalscholver

De aalscholvers is het niet zo zeer te doen om de rivier als om de vis die erin zit. Die is er natuurlijk altijd geweest en daarom zijn er ook al eeuwenlang broedkolonies van deze 'waterraaf'. Het plassengebied en de rand van het IJsselmeer waren echter ook zeer in trek.

In de loop van deze eeuw zijn regelmatig overzichten gepubliceerd van de kolonies en het aantal nesten, zodat we een redelijk idee hebben van het verloop ervan. Dat is inderdaad nogal sterk geweest: in enkele jaren ontstonden soms kolonies van honderden nesten, die even snel weer verdwenen. Verandering van de broedplaats door inpoldering of door omhakken van de bomen waren vaak de oorzaak, maar het meest hadden de vogels te lijden onder de broodnijd van de beroepsvissers. Maar ondanks die regelmatige gedwongen verhuizingen en het feit dat daarbij steeds veel broedsels verloren gingen, konden de aalscholvers zich toch goed handhaven: in 1940 waren er bijna vierduizend paren. Meer dan de helft daarvan huisde in Wanneperveen (in een eendenkooi van de Vereniging tot Behoud van Natuurmonumenten), 900 nesten waren er bij Lekkerkerk langs de Lek en 400 in de Biesbosch.

Na de oorlog verminderde het bestand weer sterk, maar toch niet genoeg naar de zin van de broodvissers. In 1955 werd tussen natuurbeschermingsinstanties en visserij-inspectie overeengekomen dat het aantal nesten van deze 'na de kraai zwartste vogel van de zwarte lijst' in de drie toen bekende kolonies niet meer dan 1200 in totaal zou mogen zijn. Die drie kolonies waren Wanneperveen, Naardermeer en Lekkerkerk. Sinds 1965 is de vogel echter weer volledig beschermd en mogen dan ook geen nesten meer worden uitgestoten. De kolonie in Lekkerkerk was toen al verdwenen en in de laatste jaren is die in Wanneperveen heel snel in betekenis afgenomen, zodat het Naardermeer nu de enig overgebleven broedplaats is, met bijna 1400 nesten.

Natuurlijk is gezocht naar de oorzaken van de achteruitgang. Algemeen wordt aangenomen dat Wanneperveen zijn aalscholvers heeft verloren omdat door de inpoldering van Oostelijk Flevoland een belangrijk deel van het nabijgelegen voedselgebied verdween. Gevreesd wordt dat inpoldering van de Markerwaard om dezelfde reden fataal kan worden voor de kolonie in het Naardermeer. Voor het verdwijnen in het rivierengebied wordt de waterverontreiniging en de daarmee samenhangende achteruitgang van de visstand genoemd. Zulke forse vogels hebben nu eenmaal nogal wat vis nodig: 400 gram is een gemiddeld dagrantsoen. En daarvoor nemen ze geen ondermaatse vis, ze leggen zich juist toe op de grote brokken, met daarbij een sterke voorliefde voor paling. Geen wonder dat de broodvissers niet hun beste vrienden waren, vooral in de tijden dat die ook te lijden hadden onder de gevolgen van watervervuiling. Het argument dat de aalscholvers een sanerende uitwerking hebben op de visstand omdat ze bij voorkeur de minder gezonde exemplaren te pakken nemen, zal hun wel niet zo hebben aangesproken.

Hoewel er langs de rivier nu geen aalscholvers meer broeden, zijn ze er nog wel te zien. Pas in het derde levensjaar gaan ze tot broeden over; de jonggezellen zwerven vaak rond tot ze die leeftijd bereikt hebben. In het Zwarte Meer, maar vooral in de Biesbosch en verder westwaarts op het Hollands Diep zijn ze een groot deel van het jaar te zien. Ze vissen er, maar vallen vooral op als ze aan de kant rusten. Op basaltblokken of boven op een baken zitten ze dan vaak met uitgespreide vleugels. Pas dan is te zien hoe groot zo'n dier is. Wanneer ze zwemmen lijken ze veel kleiner, omdat ze zo diep in het water liggen. Daardoor kunnen ze ook vrij moeilijk uit het water opvliegen: dat lukt pas na een lange aanloop.

Zangers in het riet

De zangers in riet en ruigte langs de waterkant zijn niet allemaal rietzangers of rietmussen. Het kost wel enige moeite om ze uit elkaar te houden, want ze lijken haast evenveel op elkaar als de meeste van hun namen: rietzanger, bosrietzanger, sprinkhaanrietzanger, snor, rietgors, kleine en grote karekiet. De enige die in dit rijtje niet helemaal thuishoort, is de rietgors, een zaadeter met een bont getekende kop, die in het voorjaar zijn knap eentonige deuntje weggeeft of later in het seizoen probeert ons met veel druk getjilp weg te leiden uit de buurt van het nest. Met de kijker zien we de vrij zware bek van deze gors, duidelijk anders dan die van de andere zangers in het rietland. Die spitsbekjes zingen ook heel wat welluidender. De meeste tenminste, want de snor en de sprinkhaanrietzanger fluiten eigenlijk helemaal niet, maar laten een lang aangehouden triller horen. Voor een geoefend oor zijn beide goed uit elkaar te houden; het geluid van de sprinkhaanrietzanger is veel hoger dan dat van de snor, zo hoog dat sommige mensen

het niet meer kunnen horen. Terwijl hij zijn wekkertje laat aflopen, klautert de snor steeds hoger in de riethalmen; de sprinkhaanrietzanger laat zich niet zo gauw zien. Met de andere zangertjes is het minder simpel. Natuurlijk is het niet per se nodig om hun naam te kennen, ook zonder dat kan men van hun zang genieten, vooral op stille voorjaarsochtenden. Verwacht ze niet te vroeg in het voorjaar, want de meeste van deze insekteneters, die het immers moeten hebben van de tussen riet- en oeverplanten levende insekten, komen pas in de loop van mei naar de Lage Landen. Wie met aandacht luistert, zal dan al snel het forse, wat zwaardere lied van de grote karekiet onderscheiden van de andere geluiden en als de vogel langs een dorre rietstengel omhoog klimt, ook kunnen zien dat hij werkelijk stukken groter is dan de andere. In het vuur van hun zang komen ze allemaal beter in het zicht en zenden hun liedje uit van het hoogste punt in dit lage land om het zo ver mogelijk te laten klinken. Vooral in de eerste tijd na hun aankomst in rivierenland is de zang namelijk niet alleen bedoeld als waarschuwing aan de buren - 'dit is mijn

terrein', - maar vooral ook bestemd voor de meestal wat later aankomende wijfjes, die juist naar het broedgebied moeten worden gelokt.

De liedjes van rietzanger, bosrietzanger en kleine karekiet zijn erg gevarieerd. Daarom is het nogal moeilijk en eist het veel ervaring om de soorten naar hun geluid te onderscheiden. Toch is dat voor de nauw verwante kleine karekiet en de bosrietzanger bijna de enige determinatiemogelijkheid. Vogelvangers die deze soorten ten behoeve van het ringonderzoek in handen krijgen, hebben daar vaak nog de grootste moeite mee en kunnen alleen zekerheid krijgen op grond van vorm en grootte van enkele vleugelpennen. Dat de bosrietzanger meer van ruigte en minder van riet houdt, geeft ook maar weinig houvast, want de kleine karekiet voelt zich in beide milieus even goed thuis.

De rietzanger ten slotte is met wat geduld en een goede kijker wel van de andere te onderscheiden omdat hij niet zó vaal is. De bovenzijde is duidelijk gestreept en boven het oog loopt een forse, bijna witte streep over de hele lengte van de kop.

In rietvelden en vochtige ruigten houden zich nog andere zangvogelsoorten op, zoals de clowneske baardmezen en vooral in de buurt van grienden de blauwborstjes en matkopmezen. In de dichte begroeiing maken zij zich alleen kenbaar door hun geluid. Ze goed bekijken lukt pas als men op een uitkijkpost geduldig gaat zitten wachten. Het heeft niet veel zin de ruigte te doorkruisen. Als je er middenin staat, blijken de planten nog veel hoger en dichter te zijn; je ziet dan helemaal niets meer. En je ziet vooral ook helemaal niet welke schade je aanricht. Al deze vogels maken hun nest namelijk een eindje boven de vochtige bodem tussen de planten en zo'n bouwsel is echt niet stevig genoeg om een voorbijstruinende tweebener te weerstaan. Nesten zoeken in het riet betekent dan ook meestal nesten vernielen. Blijf daarom aan de kant, want naar een nest dat op deze manier toevallig wordt gevonden en heel blijft, loopt altijd een duidelijk spoor dat anderen zal verleiden om ook even te gaan kijken, met alle nare gevolgen van dien. Nee, rietkragen horen alleen toegankelijk te zijn voor wie zich daar hippend van stengel tot stengel kan voortbewegen!

Sterns en meeuwen

Twee soorten sterns broeden langs de rivieren, de zwarte stern en de visdief. De visdief is een duidelijk herkenbare vogel, een uitstekende vlieger, met lange vleugels en staart. Zijn verenkleed is helemaal wit op de zwarte pet na, waardoor hij goed te onderscheiden is van de iets grotere kokmeeuw, die een helemaal donkere kop heeft. De zwarte stern is aanmerkelijk kleiner, maar het zwarte in zijn naam is aan de vogel zelf niet altijd goed te zien. Als hij met allerlei onverwachtse wendingen over het water scheert, lijkt hij in het zonlicht vaak bijna wit. Bij een goede belichting blijkt dat de zwarte stern leikleurig is; alleen kop, nek en onderkant zijn nagenoeg zwart, althans in het voorjaar.

Sterns behoren tot de vogelsoorten die de laatste tientallen jaren sterk in aantal achteruit zijn gegaan. Deels is dat te wijten aan vergiftiging met bestrijdingsmiddelen via het voedsel, deels aan het verdwijnen van veel geschikte broedterreinen. De visdief, toch al nooit zo'n algemene broedvogel langs de rivieren, is hier nu nagenoeg helemaal verdwenen. Op een enkele plaats komt nog wel eens een paar tot broeden, maar van de bij deze soort gebruikelijke broedkolonies is er langs de rivier nog maar een over. Een vissende visdief is in de uiterwaarden dan ook een grote zeldzaamheid; alleen in de kuststreken zijn ze nog tamelijk gewoon.

Iets gunstiger is het gesteld met de zwarte sterns, vogels met een duidelijke voorkeur voor het binnenland en met name voor zoetwatermoerassen. De veen- en plassengebieden in Midden-Nederland, Overijssel en Friesland herbergen nog aardig wat van deze sierlijke moerassterns, maar ook bij de rivieren vinden ze nog wel terreinen van hun gading. De belangrijkste broedplaatsen liggen in de boezemlanden bij Kinderdijk, in de Ooijpolder en in het Zwarte Meer aan de monding van de IJssel. Ook allerlei andere ondiepe wateren in de uiterwaarden kunnen geschikt zijn, zoals oude rivierlopen en kleiputten. Vooral langs Rijn en IJssel hebben we kans op kleine broedkolonies.

De zwarte sterns hebben een nogal uitzonderlijke manier van nestbouwen. Als materiaal gebruiken ze van het water opgepikte plantedelen. Daarvan wordt een slordig vlotje gemaakt boven op drijvende waterplanten of op boven water uitstekende moerasplanten. Geen erg hechte basis dus; er gaat dan ook nogal eens iets mis met de broedsels. Omdat deze sterns als echte zomervogels pas laat met broeden beginnen, hebben ze in de uiterwaarden gelukkig niet veel last meer van overstromingen. Wel kan het er gebeuren dat de nesten langzaam droog vallen. Daardoor wordt de broedplaats minder veilig, maar meestal loopt het goed af: de sterns broeden rustig door tussen het opschietende gras. Op grotere plassen lopen de broedsels meer gevaar. De wind kan daar soms zoveel golfslag veroorzaken dat de nesten uiteengeslagen worden. Ook de toenemende waterrecreatie kan zulke vernielingen aanrichten. In reservaten probeert men daarom de sterns vaak een handje te helpen door ze een steviger nestbasis aan te bieden in de vorm van een drijvende rietmat of iets dergelijks. Soms maken de vogels daar dankbaar gebruik van.

Van de in Nederland broedende meeuwesoorten hebben de meeste een voorkeur voor de kuststrook; alleen de kokmeeuwen broeden vooral in het binnenland. Vreemd genoeg spelen de rivieren daarbij helemaal geen rol als broedplaats; waarschijnlijk vinden ze elders in dit waterrijke land genoeg gerieflijke plekjes, dichter bij hun voedselgebied. Als er in het voorjaar ergens in de uiterwaarden een grote groep van deze kokmeeuwen rondvliegt, hoeft u er dus niet te zoeken naar een broedkolonie. Meestal is een vuilnisbelt de oorzaak van die samenscholing, waarbij ook zilvermeeuwen en stormmeeuwen present kunnen zijn.

Buiten de broedtijd zijn deze drie meeuwesoorten wel regelmatig langs de rivier te vinden. Soms zoeken ze werkelijk voedsel langs de waterkant. Vooral wanneer de uiterwaarden net overstromen, is er wel het een en ander voor ze te halen. Maar de meeste meeuwen, vooral kokmeeuwen, komen er alleen maar slapen. In grindgaten of in rustige bochten van de rivier kunnen dan troepen van een paar duizend vogels overnachten, die 's morgens weer kilometers ver over de omgeving uitzwermen.

Dag- en nachtroofvogels

'De schrik van het rietland', met die titel heeft de bruine kiekendief het altijd moeten doen. Geen andere roofvogel is zo sterk
gebonden aan de ruigten in en langs het water en aan de overvloed van prooidieren die daar leeft. Twee verwanten, de blauwe
en de grauwe kiekendief, geven de voorkeur aan een
drogere omgeving en komen alleen op de trek wel eens langs
moerassen en plassen.

Er is een tijd geweest dat de bruine kiekendief te vinden was
bij elk behoorlijk stukje riet en daar ook zijn nest maakte.
Enkele tientallen jaren geleden was hij nog een algemeen
voorkomende vogel, zo algemeen dat we uit die tijd eigenlijk
helemaal geen nauwkeurige aantallen weten, omdat iedereen
genoegen nam met de vaststelling dat er genoeg waren.

Drooglegging van geschikte broedterreinen en ontsluiting ervan
voor steeds drukkere recreatie, maar vooral een te royaal
gebruik van giftige bestrijdingsmiddelen heeft het aantal roof-
vogels en dus ook het aantal kiekendieven sterk doen dalen.
Alleen in uitgestrekte, rustige rietgebieden broeden ze nu nog
en zulke grote moerassen komen langs de rivier op maar een
paar plaatsen voor. Meer stroomafwaarts, waar de rivier
langzaam overgaat in haar mondingsgebied, zijn deze overgangsgebieden tussen nat en droog groter, zodat de bruine kiekendief daar ook wat meer levensmogelijkheden heeft.

De laatste jaren gaat het met de totale stand in Nederland
weer wat beter. Dat komt vooral omdat in de tijdelijke riet-
moerassen van de Flevopolders veel kiekendieven een broedsel
konden grootbrengen. Dit broedgebied zal niet lang geschikt
blijven, maar er is goede hoop dat de nakomelingen zich weer
over het land zullen verspreiden. En omdat we langzamerhand
misschien een beetje voorzichtiger beginnen te worden met
gifstoffen in onze omgeving te verspreiden, hebben die vogels
iets meer kans om zich te handhaven. Wellicht kunnen we

straks weer wat vaker de schommelende vlucht van de bruine
kiekendief boven het rietland bewonderen; tegenwoordig
is dat een buitenkansje.
Een biddende torenvalk is een heel wat minder zeldzame
verschijning. Die zoekt meer de droge delen van de uiterwaard,
want alleen daar zijn muizen te vangen. Ook de stand van
deze valkjes breidt zich de laatste jaren weer wat uit, maar in
het rivierengebied is er een beperkende factor: broedgelegenheid.
Zelf een nest maken doen torenvalken niet, ze gebruiken
bij voorkeur een oud nest, het liefst dat van een kraai.
Maar kraaien worden op de meeste plaatsen wat al te ijverig
vervolgd, zodat hun nesten ook zeldzamer worden. Gelukkig
is de torenvalk niet al te kieskeurig; in eendenkooien broedt
hij ook wel eens in een eendenkorf en hij maakt bovendien
wel gebruik van een holle knotwilg of een nestkast.
Knotwilgen en nestkasten zijn ook in trek bij de nachtroofvogels,
de uilen. Drie van de vier Nederlandse soorten broeden
bij de rivier: het steenuiltje, de ransuil en de bosuil. De kerkuil
houdt zich het liefst op in en bij menselijke bouwsels in een
bomenrijke omgeving. Waar die aan de rivier liggen, kan de
kerkuil natuurlijk ook voorkomen. Maar de drie andere soorten
zoeken het rivierengebied heel bewust op. De bosuil prefereert
de stukken met veel houtgewas. Bós hoeft het niet per se
te zijn; grienden of een eendenkooi zijn ook best. De ransuil
jaagt bij voorkeur in open terrein, maar broedt in beschutte
hoeken. De steenuil ten slotte heeft niet zoveel beslotenheid
nodig. Een paar mooie knotwilgen in de uiterwaard zijn al
voldoende als basis voor zijn jachtvluchten en als nestplaats.
Deze uilen bewonen het liefst een holle knotwilg of andere
boomholte, niet alleen om er het broedsel veilig in te ver-
stoppen, maar ook om er zich zelf overdag te verbergen. Niet
omdat ze het daglicht niet kunnen verdragen - een uil neemt
af en toe zelfs wel een zonnebad -, maar ze hebben er een hekel
aan door allerlei kleine vogels te worden uitgescholden.
En dat gebeurt vaak als ze zich vertonen.
Uilen zijn erg op rust gesteld, zo zelfs dat ze niet eens op trek
gaan, maar het hele jaar door op dezelfde plek doorbrengen.
Als het 's winters lang vriest en de grond met sneeuw bedekt is,
hebben ze erg veel moeite om aan de kost te komen. Vooral
de kleine steenuil, maar ook de ransuil, heeft van zulke
strenge winters veel te lijden en hun aantal wisselt in de loop
van de jaren dan ook nogal sterk. Daarom is het moeilijk
precies te zeggen of de stand toe- of afneemt, vooral ook
omdat het niet gemakkelijk is vast te stellen hoeveel van deze

verborgen levende vogels er zijn. Gezien de vele dood gevonden
uilen is het wel zeker dat giftige bestrijdingsmiddelen ook
onder deze vogels slachtoffers hebben gemaakt, maar het ziet
ernaar uit dat ook voor de uilen de situatie de laatste jaren
wat gunstiger geworden is. Aan twee dingen hebben ze nu
duidelijk behoefte: rust in het broedgebied (die meestal alleen is
te bereiken door het stichten van meer reservaten) en meer nest-
gelegenheid. Knotwilgen kunnen daar voor een deel in voorzien,
maar waarschijnlijk kan men ze ook helpen door op groter
schaal nestkasten aan te bieden. Daarvoor is iets ter grootte
van een sinaasappelkist, maar dan wat steviger natuurlijk,
heel geschikt. Van één lange zijkant blijft de bovenste helft open
en het geheel wordt een paar meter hoog in een boom vast-
getimmerd. Tot voor kort maakten alleen bosuilen gebruik
van nestkasten, maar de eerste ransuilen schijnen intussen
hun argwaan ook te hebben overwonnen. Steenuiltjes nemen
genoegen met een kleinere kast.

Zangers van de graslanden

De uiterwaard bestaat uit twee werelden, waartussen een groot onderscheid is: de natte van riet, ruigte en griend en de droge van de hooilanden. Beide hebben ook een duidelijk verschillende zangvogelbevolking. De op bladzijden 56 en 57 voorgestelde zangers zullen zich niet in de weiden vertonen. De gebruikelijke uitzondering op de regel is misschien de riet-gors, die het niet zo nauw neemt en ook wel eens in het gras een hapje zal zoeken. In de droge delen leven daarentegen een aantal zangers die weer niets met riet en water te maken willen hebben. Het enige dat deze vogels wellicht gemeen-

schappelijk hebben, is de koekoek, die even vaak gebruik maakt van de goede zorgen van de karekieten als van die van de graspiepers, beide erg 'gewaardeerde' waardvogels.
Veldleeuwerik en graspieper zijn beide heel gewone vogels die in geen enkele Nederlandse weide ontbreken. In de uiter-waarden vinden ze blijkbaar ideale levensmogelijkheden, want ze komen er alle twee talrijk voor. Omdat ze uiterlijk niet veel van elkaar verschillen, is er wat nadere aandacht nodig om ze uit elkaar te houden. Als ze zingen - en daarmee vullen ze het grootste deel van hun voorjaarsdagen - zal niemand zich in de soort vergissen. De veldleeuwerik is onvermoeibaar in het vliegend voordragen van zijn jubelend en gevarieerd lied. De vogel demonstreert hier dezelfde behoefte om het geluid ver te laten klinken als de zangers boven in de rietstengels. De graspieper zingt ook vaak in de vlucht, maar zijn zang is een vrij eentonig deuntje, dat ook nogal schuchter wordt gebracht.
Van dichtbij gezien zijn er ook uiterlijke verschillen op te merken. De veldleeuwerik, duidelijk de grootste van de twee, heeft een kuifje, een kleintje maar, dat meer lijkt op een springerige haardos. Bij de pieper liggen de kruinveren keurig glad.
De gele kwikstaart is een van de weinige geluksvogels met een naam die meteen de meest wezenlijke kenmerken weergeeft: er is geen andere gele vogel met zo'n opvallend beweeglijke staart. Terwijl de eerstgenoemde twee soorten in de uiterwaard te vinden zijn omdat ze nu eenmaal in alle typen grasland voorkomen, heeft de gele kwik juist een duidelijke voorkeur voor het soort ruige hooilanden met veel kruiden dat hier nog veel voorkomt en elders zeldzamer wordt naarmate het grasland intensiever wordt benut. Voor deze vogel vormen de uiterwaarden dan ook een heel belangrijke biotoop. De verwante witte kwikstaart zien we er maar zelden. Dat is ook wel een vogel van weilanden, maar die scharrelt het liefst in de buurt van grazend vee en bij boerderijen en schuren; van helemaal vlak land houdt hij niet.
Er is nóg een sterk aan de uiterwaarden gebonden vogelsoort, de grauwe gors, heel wat minder bekend omdat hij maar spaar-zaam voorkomt, inderdaad grauw is en daardoor weinig opvalt. Deze plompe en tamelijk grote gors is wel meteen te herkennen aan zijn karakteristieke gedrag. Vanaf een hoog punt in het hooiland - de bloeischerm van een bereklauw, een paaltje van de afrastering of de top van een struikje - herhaalt hij het hele voorjaar door steeds weer zijn eentonige deuntje. Dat wordt meestal omschreven als het rammelen

met een sleutelbos; het duurt een paar seconden en wordt
acht keer per minuut herhaald.

Als pikante bijzonderheid kan van deze potige gors worden
vermeld dat hij polygaam is. Onderzoekers menen dat hij
er tot zeven wijfjes op na kan houden. Wat zijn aandeel in
het huishouden betreft, is dat in elk geval best mogelijk: het
maken van het nest, het bebroeden van de eieren (en het leggen
daarvan uiteraard) is uitsluitend háár taak, terwijl hij bij het
voeren van de jongen maar af en toe wat onbeholpen assistentie
schijnt te verlenen.

De grauwe gors heeft een merkwaardige verspreiding. Hij broedt
over het grootste deel van Europa en toont een voorkeur voor

uitgestrekte droge landbouwgebieden, droge grassteppen en
graslanden op zandige bodem. In Nederland komt de soort
nergens talrijk voor en ontbreekt op veel plaatsen helemaal.
Duidelijke concentratiepunten zijn Noord-Groningen, Zeeuws-
Vlaanderen en Limburg. Op een paar plaatsen blijken ook de
hooilanden van de uiterwaard uitgestrekt en zandig genoeg
te zijn, vooral langs de Waal en de Maas. In zo'n geschikt
gebied zitten er meestal ook verscheidene bijeen, zodat je
vanaf één punt verschillende mannetjes tegelijk kunt horen
zingen.

Veel meer zangvogels broeden er niet in deze aan struiken
en bosjes arme hooilanden. Zo'n open gebied is meer iets voor
grotere vogels als de patrijs en een enkele kwartel, en
natuurlijk voor allerlei weidevogels.

Onder: Ooievaars zoeken graag naar voedsel in pasgemaaid grasland.
Een kievit, die in de buurt nog jongen heeft lopen, probeert met heftige
duikaanvallen de ooievaar weg te jagen
Rechts: Grutto

64

Weidevogels

De hooilanden in de uiterwaarden vormen vanzelfsprekend
een heel goede weidevogelbiotoop. De weiden zijn over het
algemeen wel niet zo sappig als die in West-Nederland en
Friesland, zodat het voor de weidevogels wat moeilijker is
er aan de kost te komen, maar daar staat tegenover dat de uiterwaarden erg rustig zijn en door de boeren nog niet intensief
worden gebruikt, zodat de vogels er ongestoord hun eieren
kunnen uitbroeden en hun jongen groot brengen.
De twee bekendste weidevogels, kievit en grutto, zijn beide
goed vertegenwoordigd, hoewel de eisen die deze soorten
aan hun broedterrein stellen toch nogal uiteenlopen. De kievit
houdt van kort gras, de grutto van lang. Blijkbaar zorgt de
grote variatie in begroeing in de uiterwaarden er wel voor
dat elk de terreinen van zijn gading kan vinden. Bovendien
is de kievit er wat vroeger bij, als het gras nog niet hoog is
opgeschoten. Omdat het gras er niet wordt vertroeteld met
kunstmest, groeit het ook minder snel dan in de goed verzorgde
weiden 'binnendijks'. Daar broedt de kievit dan ook meer
en meer op bouwland. Er zijn zelfs broedgevallen gesignaleerd
in jonge boomgaarden.
De grutto's zijn echte zomervogels, die al in de loop van augustus
ons land verlaten. De tweede helft van die maand zie je er
al bijna geen meer. In het voorjaar zijn ze er soms al in februari,
in elk geval in maart, maar tot in april arriveren nog broedvogels. De gemiddelde datum van het eerste ei ligt ruim
veertien dagen na de primeur van de kievit, waarvoor als
gemiddelde 18 maart geldt. Maar zo goed als in sommige jaren
het eerste kievitsei op 4 maart werd gevonden, zo goed
kunnen er eind maart ook vroege gruttobroedsels zijn.

In de uiterwaarden zijn ze er meestal niet zo vroeg bij.
Dat komt vooral omdat daarvan in maart vaak nog grote stukken
onder water staan. Háást hoeven ze trouwens ook niet te maken,
want als ze pas half april met broeden beginnen, zijn begin
juni de jongen al vliegvlug, vroeg genoeg om de voor de weide-
vogelstand levensgevaarlijke maaimachines te ontlopen. In mei
kun je dan ook nergens door de bloeiende uiterwaarden
wandelen zonder het gezelschap van angstig alarmerende
grutto's. De jongen in het hoge gras zie je helemaal niet,
de ouders des te meer door hun luidruchtig gedrag en door hun
voorkeur voor boven het gras uitstekende uitkijkposten zoals
weipaaltjes en hekken.
Een andere bekende weidevogel, de tureluur, komt in de uiterwaarden niet zo massaal voor; wellicht zijn de meeste daarvan
wat te droog naar zijn zin. Meer naar het westen, in de buurt
van het Deltagebied waar de uiterwaarden langzaam overgaan
in de buitendijkse gorzen, neemt de tureluurstand wat toe.
Geen wonder, want van huis uit is deze nerveuze roodpoot
vooral een bewoner van de zilte kuststreken.
Nog kleiner is het aantal broedparen van typische weidevogels
als watersnip en kemphaan. Die hebben een sterke voorliefde
voor drassig terrein en dat is in de uiterwaarden slechts hier
en daar te vinden, terwijl het ook daarbuiten steeds zeldzamer
wordt als gevolg van de toenemende ontwatering. De watersnip
weet zich niettemin redelijk te handhaven, bij voorbeeld
in het polderland van Vijfheerenlanden. Over de kemphanen
zijn de berichten minder gunstig: waarschijnlijk broeden ze niet
meer in het gebied van de rivieren, of in zeer klein aantal.
Wel worden ze, vooral in het voorjaar, regelmatig op de trek
gesignaleerd en in de buurt van een drassig voedselgebied
vertonen ze dan ook nog wel eens hun spiegelgevechten.
De ooievaar mag eigenlijk niet bij de weidevogels gerekend
worden; toch stapt deze statige vogel nog hier en daar in de
uiterwaarden rond. Helaas zien we hem steeds minder, al was
het broedseizoen 1974 met acht geslaagde broedsels heel
wat beter dan dat van 1973, toen op maar drie nesten jongen
groot werden.
Die acht nesten lagen alle in twee gebieden: drie bij de IJsseldelta, de andere in Zuid-Holland en het aansluitende noord-
randje van Brabant. Allemaal dus in de buurt van de rivier,
sommige zelfs zo dicht erbij dat de ooievaars vanaf het hoge nest
de rivier konden zien. Ze bezochten dan ook vaak de uiterwaarden om daar hun voedsel te zoeken, kikkers natuurlijk,
maar ook allerlei insekten en muizen.

Planten van nat en droog

Het fluviatiele district

Plantkundigen hebben, ter wille van de overzichtelijkheid, Nederland verdeeld in een aantal plantengeografische districten. Deze indeling is vooral gebaseerd op verschillen in milieufactoren, waarbij de samenstelling van de bodem een heel belangrijke rol speelt. Het gebied van de grote rivieren heet volgens deze indeling het fluviatiele district en het onderscheidt zich vooral van de andere districten door de aanwezigheid van voedselrijke rivierklei.

Een aantal planten zijn zo nauw met dit district verbonden dat ze alleen daarbinnen te vinden zijn. Voorbeelden daarvan zijn de kruisdistel, die overigens geen echte distel is, maar alleen een rijkelijk van stekels voorziene en daardoor door het vee gemeden schermbloemige, en de cichorei, waarvan langs wegen en dijken de grote helblauwe bloemen alleen in de voormiddag zijn te bewonderen, want om twaalf uur zijn ze verwelkt. Heel kenmerkend is ook het wit vetkruid, dat groeit als een tapijt van vlezige, rolronde blaadjes langs korte stengeltjes, met in juni

trosjes van witte bloemen aan een wat langere stengel. Deze vetplant, nauw verwant aan de bekende gele muurpeper, groeit bij voorkeur op stenige dijkhellingen, en je kunt hem daar dan ook overal tussen Maastricht en Rotterdam vinden.

Zo zijn verschillende planten in hun verspreiding heel sterk aan de rivieren gebonden. Vele ervan komen ook langs de Schelde voor en als om aan te geven dat het Deltagebied duidelijk een onderdeel is van het hele rivierengebied, groeien ze ook op alle Zeeuwse en Zuidhollandse eilanden. Bovendien vind je veel van deze rivierplanten langs de kleinere stromen als Oude IJssel, Overijsselse Vecht en Dinkel.

Al met al beslaat dit fluviatiele district dus een groot deel van ons land. Op vele plaatsen loopt het als een smal lint door andere districten heen. Dat betekent dat er over grote afstanden grensgebieden zijn, overgangssituaties tussen twee heel verschillende milieus. Zo'n grensgebied is altijd boeiend, omdat het vaak heel kenmerkende plantesoorten herbergt, die juist deze vermenging van twee milieus nodig hebben. Zo'n plant is de kievitsbloem die voorkomt in de Krimpenerwaard én in Noordwest-Overijssel, allebei plaatsen waar een rivier in de buurt van een laagveengebied komt.

In het rivierengebied zelf treffen we ook heel wat grenssituaties aan, omdat in de betrekkelijk smalle doorsnede van een rivierbedding al zo sterk verschillende levensomstandigheden worden aangetroffen. Bij hoge rivierstanden wordt het geheel wel met hetzelfde sop, namelijk het voedselrijke rivierwater, overgoten, maar als in de loop van het voorjaar het rivierpeil daalt en de vegetatie op de uiterwaard weer uitspruit, zien we al spoedig een opvallende variatie in plantengroei.

De aanspoelsellijnen, de hooggelegen zandige ruggen, de laaggelegen, kleiige en slecht afwaterende kommen en de dijkhellingen vormen allemaal heel uiteenlopende levensomstandigheden. Op elk van die plaatsen, en in de overgangsgebieden daartussen, voelen steeds weer andere plantengezelschappen zich thuis.

Het gevolg is dat in de smalle stroken langs de rivier verhoudingsgewijs een bijzonder groot aantal planten wordt gevonden. Niet alleen de botanici zijn daar opgetogen over, maar ook elke wandelaar die al moeite heeft met het verschil tussen een margriet en een madeliefje, valt het op hoe bloemrijk de uiterwaarden zijn. Dat is voor een deel mede een gevolg van het feit dat de menselijke invloed op deze 'buitendijkse' gronden nog maar heel gering is.

Als in de loop van juni na het maaien de bloemenpracht van de hooilanden is verdwenen, valt er meer te zien in wielen, oude kreken, kleiputten en andere stilstaande wateren langs de rivier. In het voorjaar groeien die plassen snel dicht met de drijvende bladeren van waterplanten. Als de bloemen verschijnen, blijken het niet alleen waterlelies en gele plompen te zijn, want veel plassen zijn dan overdekt met de veel kleinere gele bloemen van de watergentiaan, andere met de nietige aartjes van fonteinkruid. Op weer andere plaatsen vind je soorten als waterdrieblad, slangewortel, krabbescheer of waterviolier. Elk van die planten stelt weer andere eisen aan zijn waterige omgeving en het voorkomen ervan geeft de botanicus dan ook belangrijke informatie over de aard van de groeiplaats en over de andere soorten die er verwacht kunnen worden.

Aan de oevers van deze plassen vinden we een rijke verscheidenheid van oever- en moerasplanten. De soortensamenstelling varieert ook weer sterk, afhankelijk van factoren als bodemhoedanigheid, duur van de overstroming in de winter en beinvloeding door mens en vee.

Links: Dit rietland langs de Nieuwe Zuiderlingedijk onder Asperen behoort tot de reeks natuurreservaten die Staatsbosbeheer daar voor het ministerie van CRM beheert. In de winter is dit rietveld gemaaid. In het vroege voorjaar wordt, zo nodig kunstmatig, gezorgd voor een hoge waterstand. Dat is bevorderlijk voor de rietcultuur, maar heeft ook tot gevolg dat eind april en begin mei uitgestrekte velden dotterbloemen bloeien tussen het opschietende riet

Onder: Karakteristieke planten van een bloeiende dijkhelling in het vroege voorjaar: margrieten, rode klaver, boterbloemen en tweejarig streepzaad

Waterplanten

In de rivier zullen we tevergeefs naar waterplanten zoeken.
Afgezien van een enkele beschutte hoek is de stroomsnelheid
van het water er te groot, terwijl de veelvuldige scheepvaart
nog voor extra beroering zorgt. Bovendien is het water zo troebel
dat nergens voldoende licht doordringt om plantengroei
op de bodem mogelijk te maken. Over de waterkwaliteit zwijgen
we dan nog maar.
Buiten de rivier zelf zijn er nog wel genoeg rustige wateren:
kleiputten, grindgaten, oude rivierlopen zowel binnen- als
buitendijks en doorbraakkolken. Al deze wateren onder één
noemer brengen is echter wel een erg grove benadering, want ze
kunnen zich sterk van elkaar onderscheiden. Hun leeftijd
loopt duizenden jaren uiteen, vorm, grootte, diepte en bodem-
gesteldheid zijn steeds weer anders en vooral is er erg veel
verschil in hun relatie tot de rivier. Zo zijn sommige er door
een dijk definitief van gescheiden, andere hebben een constante
doorstroming van een beetje rivierwater of zijn alleen enkele
maanden van het jaar een onderdeel van het winterbed
van de stroom. Zulke sterk wisselende omstandigheden hebben
zo'n duidelijke invloed op de samenstelling van de flora dat
de ter zake kundige bioloog uit de aanwezige vegetatie conclusies
kan trekken over de mate en de aard van de rivierinvloed.
Wie de hieronder beschreven waterplanten in strangen en
wielen probeert te vinden, zal al gauw iets gaan merken van
die wisselwerking tussen planten en groeiplaats, omdat
lang niet alle soorten in elk water worden gevonden.

De meest uitgesproken waterplanten zijn de fonteinkruiden.
Die komen in de Nederlandse wateren in een negentiental nogal
moeilijk uit elkaar te houden soorten voor. De meeste leven
ondergedoken en daarvan merk je alleen iets tijdens een vaartocht
- als ze talrijk voorkomen, kunnen ze dan zelfs erg hinderlijk zijn.
Voor de vissen zijn deze planten erg belangrijk; er wordt
veel kuit op afgezet. Beter zichtbaar is het drijvend fonteinkruid,
waarvan de ellipsvormige bladeren grote oppervlakten kunnen
bedekken. Daartussen steken dan de groene bloemaren omhoog.
Ook de andere, ondergedoken levende fonteinkruiden steken
hun bloeiwijzen boven water uit en hetzelfde doen soorten
als waterpest - waarvan we in ons land alleen planten met
vrouwelijke bloempjes vinden -, het vederkruid en het blaasjes-
kruid.

Drijvende bladeren hebben enkele van de mooiste waterplanten, waarvan de waterlelie wel de bekendste is. De fraaie witte bloemen, die alleen bij mooi weer helemaal open gaan, kunnen we in heel veel plassen in en langs de uiterwaarden verwachten, maar toch niet zo talrijk als de gele plomp. Die is iets minder kieskeurig, verdraagt wat meer golfslag en waterstroming. Ook laat de gele plomp zich niet zo gemakkelijk verdrijven door van de kant opdringende oeverplanten. Beide soorten wortelen in de bodem, op meer dan een meter diepte, en overwinteren daar met een stevige wortelstok. De veel kleinere drijvende bladeren van de gele watergentiaan komen uit een in de bodem wortelende stengel, vaak ook in water dat dieper is dan een meter. De gele bloem is van dichtbij bekeken werkelijk een juweeltje, maar deze soort vestigt toch vooral de aandacht op zich door zijn massale voorkomen: hele plassen kunnen bedekt zijn met een gesloten groen-en-geel tapijt. Evenals bij waterlelie en plomp worden de bloemen door insekten bestoven, maar van het rijpen van de vruchten zien we bij de watergentiaan niets, want dat gebeurt onder water. Minder bekend, maar toch op veel plaatsen te vinden is de veenwortel, een lid van de duizendknoopfamilie, waarvan zowel een gewone landvorm voorkomt als een watervorm. Van de laatste drijven de langwerpige bladeren op het water en steken de zachtroze bloemaren er bovenuit.
Tot de plantesoorten met drijvende bladeren behoren natuurlijk de kroossoorten en ten slotte ook het kikkerbeet met zijn kleine niervormige blad en tere witte bloempjes. Hiervan drijft de hele plant aan de oppervlakte, met de sterk behaarde

wortels vrij in het water. Tegen de winter sterft de plant af, na winterknoppen gemaakt te hebben die afbreken en naar de bodem zakken om daar te overwinteren.
Al deze planten hebben gemeen dat we ze meestal niet zo gemakkelijk kunnen bekijken, omdat ze in diep water staan, zelfs te diep voor laarzen. Maar hier en daar vinden we ze toch ook in een smalle sloot. Van de soorten die meer naar de kant in ondiep water groeien, is vaak moeilijk uit te maken of dat nu nog wel echte waterplanten zijn, of dat ze tot de oeverplanten behoren. Zulke - fraaie - twijfelgevallen zijn pijlkruid, waterweegbree, waterviolier en waterdrieblad, die zich heel wel lijken te voelen in het water, maar in een omgeving waar de waterstand nogal eens wisselt laten zien dat ze zich ook op het droge aardig weten te redden.

Onder: Bloemenweelde op een krib langs de Merwede
Rechts: Rietbossen langs de Nieuwe Zuiderlingedijk
Geheel rechts: Water- en oeverplanten in een kleiput langs de IJssel

72

Oeverplanten

Wie snel een groot aantal verschillende planten beter wil
leren kennen, kan het beste een dagje dolen langs de randen van
wielen, putten en strangen in de uiterwaard. Niet alleen zijn
daar veel soorten te zien, maar de meeste van die oeverplanten
hebben ook een heel karakteristiek uiterlijk, zodat met een
eenvoudig plantengidsje al de naam te vinden is. En als u
dan ook nog eens regelmatig op die plekken terugkomt, zult u
zich erover kunnen verwonderen hoe snel deze oeverbegroeiing
hoog opschiet en wat een geweldige activiteit door deze
planten in de loop van voorjaar en zomer wordt ontplooid.
Erg vroeg zijn ze er niet bij: de eerste de aandacht vragende
bloeiers zijn de gele lissen, maar dan barst eind mei alles los
in een zeldzame verscheidenheid: schermbloemen als fluitekruid
en bereklauw, verder valeriaan, poelruit en moerasspirea,
het geel van kruiskruid en wederik, paars van kattestaart en harig
wilgenroosje en het geraffineerde roze van de zwanebloemen.
En daartussen, minder kleurig, maar zeker niet minder boeiend,
soorten als kleine en grote egelskop, kalmoes, kleine en grote
lisdodde, grassen, biezen, zeggen en riet, allemaal hoog op-
schietend om verzekerd te blijven van hun plaatsje in de zon.

Niet alleen langs het diepe water vinden we deze verscheidenheid
van oeverplanten; langs sloten en drassige stukjes ontmoeten
we ze ook weer, vaak in een heel andere soortensamenstelling.
Op sommige plaatsen kan één soort helemaal overheersen,
zoals de geurige watermunt of de gele waterkers in kleiputten
of moerasvergeetmenietjes in een vochtig stuk weiland. Vooral
verder stroomafwaarts, in het getijdegebied, vinden we een soort
'monocultuur' die door menselijk ingrijpen in stand wordt
gehouden: de rietvelden, waarin zich maar weinig andere
soorten kunnen handhaven omdat die het jaarlijkse maaien
niet verdragen. Maar één soort kan daar best tegen; in het
vroege voorjaar worden de kale rietstoppels op veel plaatsen
aan het oog onttrokken door vele duizenden glanzend gele
dotterbloemen. Sinds door de afsluiting van het Haringvliet
de getijdebeweging in de Biesbosch en langs het Hollands Diep
nagenoeg weggevallen is, is hier veel van deze luister verdwenen.
Langs de Oude Maas, vooral in de buurt van Rhoon, liggen
nu nog een aantal rietvelden in een getijdegebied en daar
kunnen we dan ook nog iets van die dottervelden terugvinden.
Rietvelden in het 'binnenland' kunnen, als ze goed beheerd
worden, ook nog met deze dotterweelde pronken. In het
mondingsgebied van IJssel en Zwarte Water is dat nog te
bekijken, maar het mooist zijn toch de reservaten langs de
Nieuwe Zuiderlingedijk bij Leerdam. De rietputjes in de buurt
van de Linge zijn trouwens vaak botanische juweeltjes. Als ze
op den duur te droog zijn geworden voor de rietcultuur
en als hooiland in gebruik worden genomen, zijn deze schrale
landjes in de zomer vaak overdekt met bloeiende kruiden,
waaronder verschillende soorten orchideeën en daarbij als meest
opvallende de forse moeraswespenorchissen.

Hoog en droog

Hoog en droog staan de planten niet alleen op en tegen de dijken, maar ook op de oeverwallen en de rivierduintjes. Kenmerkend en door hun forse uiterlijk niet over het hoofd te zien zijn de distels, gewone soorten als speer- en akkerdistel, maar ook de alleen hier en daar voorkomende wegdistel, kruldistel en knikkende distel. Daartussen staan dan kleinere planten, waarvan sommige er goed in slagen de aandacht te trekken: klaprozen, margrieten, zeepkruid, kattedoorn en cichorei bij voorbeeld. Andere ontdekt men alleen bij nadere beschouwing omdat ze niet groot of bontgekleurd zijn.

Al vroeg in het voorjaar begint de bloemenpracht langs de dijk. Rijd, of beter nog, lóóp ze dan maar langs, het geeft niet waar. Vooral de zuidhellingen staan vlug in bloei: het begint simpel met speenkruid, madeliefjes, pinkster-, paarde- en boterbloemen en fluitekruid, maar hier en daar verschijnen al in april ook zeldzaamheden zoals de vogelmelk, die op de taluds van de IJsseldijk te vinden is.

Die fleurigheid, waaraan alles bijeen wel een zeventigtal soorten hun bijdrage leveren, duurt meestal tot in de loop van mei of begin juni, wanneer nijvere wegbeheerders beginnen te maaien. Dat lijkt een fatale ingreep, maar zo'n operatie is nodig om dit milieu in stand te houden. Al heel snel komen weer nieuwe planten in bloem, zodat de bermen bijna het hele jaar door boeiend en bloeiend blijven. De laatste jaren gaat men er gelukkig namelijk steeds meer toe over om niet méér te maaien dan strikt nodig is voor het onderhoud, terwijl ook bij het gebruik van chemische middelen in de bermen steeds meer terughoudendheid wordt betracht. Slechts één keer per jaar maaien blijkt in veel gevallen genoeg te zijn voor een efficiënt onderhoud, waarbij meteen landschappelijk zeer aantrekkelijke bermen ontstaan. Als er helemaal niet gemaaid wordt, zien de dijken er al heel gauw heel anders uit, hoewel niet minder mooi. Hier en daar zijn nog wel een paar kleine stukjes 'vergeten' dijk, waar dat te zien is.

Als de dijk pas gemaaid is, kunnen we de bloemenrijkdom nog volop bewonderen in de hooilanden van de uiterwaarden. Die worden over het algemeen maar één keer per jaar gemaaid, en daarmee wacht men meestal tot het gras erg hoog is; voor half juni wordt er bijna nergens begonnen. We kunnen dan ook lang van de bloemenpracht genieten en als we er zin in hebben ons ook meer verdiepen in de veelheid van soorten. Tussen allerlei grassen met hun steeds weer wondermooie bloeiwijzen zijn er overvloedig gewone planten, vooral gele en witte als boterbloemen, margrieten, havikskruiden, schermbloemen en kruiskruid, maar ook veel minder gewone zoals veldsalie, kluwenklokje, knoopkruid, morgenster en look. Tot in juli kunnen we dergelijke bloeiende hooilanden vinden; dan worden de laatste gemaaid en moeten we onze aandacht richten naar ruige vergeten hoekjes, steile kanten van dijkjes en schrale zandkoppen die zo arm zijn dat het niet de moeite waard werd gevonden ze te maaien. De meeste ruigte vinden we vlak langs de rivier in een omgeving die bij hogere water-standen sterk gestoord wordt door de golfbeweging en waar het water behalve een dikke laag zand ook allerlei aanspoelsel deponeert als een goede bemesting. Ruigteplanten als akker-distels en bramen, kleefkruid en boerenwormkruid groeien hier het meest, maar daartussen zitten ook heel wat verrassingen. Uit zaad dat door de rivier van elders is aangevoerd of door menselijke bedrijvigheid op en langs de rivier hier terecht is gekomen, kunnen allerlei soorten opgroeien, waarvan de meeste flora's de naam niet eens geven. Zulke dikwijls maar tijdelijk in ons land voorkomende soorten heten officieel adventiefplanten, maar meestal worden ze 'pothoofdplanten' genoemd, naar een eertijds heel belangrijke groeiplaats van deze buitenbeentjes, een losplaats bij een Deventer meelfabriek. In Limburg, waar de Maas hier en daar - nog - stroomt in een diepe bedding tussen soms meters hoog oprijzende oevers, zijn deze steeds weer door het water ondermijnde steilkanten en de zandrandjes aan de voet ervan meestal ook dicht begroeid met ongewone planten. Daarvan vallen de toortsen wel het meest op. Zowel de koningskaars als de zwarte toorts, die alleen maar wat donkerrood van steel is en waarvan de bloemen wat donkerder lijken omdat de meeldraden dicht bezet zijn met paarse wolharen, groeit hier uitbundig. De dijkjes langs de Maas in het Limburgse - en ook aan de Belgische kant van de stroom - zijn op veel plaatsen overbodig geworden en worden dan ook niet zo erg goed meer bijgehouden. Ze vormen, evenals de in de reliëfrijke uiterwaarden veel voorkomende hoge kopjes, ideale groeiplaatsen voor liefhebbers van hoog en droog, als kruisdistel, cichorei, kattedoorn, klokjes en agrimonie, met daartussen speciale tot Limburg beperkte soorten als de wilde marjolein.

Het heggenlandschap

Op veel plaatsen in de uiterwaard worden de perceelscheidingen gevormd door rijen struiken, die dikwijls zo dicht opeen groeien dat we van heggen kunnen spreken. Hier en daar zijn zelfs hele percelen weiland ermee omgeven. Zo'n dichte heg, waarin de stekelige meidoorn overheerst, vormde vanouds een heel afdoende en betrekkelijk goedkope omheining, waarvan de boer ook nog regelmatig een portie brandhout kon oogsten. Tegen hoogwater en ijsgang zijn de heggen bovendien heel wat beter opgewassen dan een rijtje palen plus draad. Met name langs de IJssel en de Lek vinden we nog heel wat van deze heggen en heel gaaf zijn ze nog te zien langs de Limburgse Maas. Gaaf is in dit verband overigens niet helemaal het juiste woord, want een groot deel van zijn bekoorlijkheid dankt dit heggenlandschap van nu waarschijnlijk aan de omstandigheid dat veel heggen verwaarloosd worden. Een prikkeldraadje is tegenwoordig heel wat goedkoper dan het tijdrovende opsnoeien. Hier en daar zijn dan ook forse gaten gevallen, maar daar staat tegenover dat elders de meidoorns en andere struiken weelderig zijn uitgegroeid, niet alleen in de hoogte maar ook sterk in de breedte. En in de beschutting van zo'n brede singel heeft zich een boeiende kruidlaag ontwikkeld met speenkruid, aronskelk, look-zonder-look, gevlekte dovenetel en vogelmelk, soorten die uitspruiten en bloeien in de beschutting van de struiken nog voordat die vol in blad staan.

Vanaf begin april zijn de heggen al in feesttooi: niet alleen de kruiden eronder, ook struiken komen dan in bloei. De eerste is de sleedoorn, die zich al in een sluier van witte bloesems hult voordat de bladeren te zien zijn. Andere struiken hebben dan dikke groene knoppen of beginnen langzaam in blad te komen. In mei bloeien overal de meidoorns, waarvan er twee soorten zijn, de eenstijlige en de tweestijlige. De eenstijlige bloeit een dag of tien later, waardoor het meidoornseizoen ook werkelijk de hele meimaand duurt. Tegelijk komen ook de andere struiken in bloei: kornoelje, Spaanse aak, kardinaalsmuts, Gelderse roos en de eerste wilde rozen.

Langs de in veel gevallen ook niet meer onderhouden paden schieten intussen allerlei bloeiende kruiden op, merendeels weer heel andere soorten dan in de over het algemeen als hooiland in gebruik zijnde weiden, die in het voorjaar even kleurig zijn als de weilanduiterwaarden elders.

De allermooiste en meest uitgestrekte stukken heggenlandschap zijn te vinden in Noord-Limburg, vooral ten westen van

de Maas tussen Vierlingsbeek en Cuyk. Zuidelijk van Wessem zijn tussen de Maas en het Julianakanaal hier en daar ook nog boeiende restanten en wie daar op ontdekkingsreis gaat aan de overkant, zal merken dat er ook nog heggen in België zijn. Het voortbestaan van een dergelijk schitterend landschap is nogal onzeker. Naarmate het boerenbedrijf verder wordt gestroomlijnd, zal er steeds minder tijd overblijven voor het onderhoud van de heggen en vooral zullen ze steeds meer als een sta-in-de-weg worden ervaren, hinderlijk voor de boeren die steeds meer gedwongen worden uit hun grond het uiterste te halen. Het aftakelingsproces zal dan ook gestaag doorgaan, hoewel de meeste gebruikers dit landschap ook erg waarderen. Voor het allermooiste stuk dreigde zelfs een catastrofe: de Zurepas- en Zoetepasweiden tussen Vierlingsbeek en Boxmeer vallen in een ruilverkavelingsgebied. Op papier is hiervoor echter een goede oplossing gevonden, die in het kader van deze ruilverkaveling ook kan worden gerealiseerd: de 250 hectare grote uiterwaard zal door de staat als reservaat worden aangekocht en door de landbouwers kunnen worden gepacht als hooi- of weiland. De heggen zullen blijven zoals ze zijn en hier en daar zelfs weer worden gerestaureerd. Daarmee is de toekomst van dit bijzondere landschap gewaarborgd.

Knotten

Lang niet alle bomen kunnen ertegen elk jaar voor korte of
lange tijd in het water te staan, om nog maar niet te spreken
over mishandelingen door kruiend ijs. Als meest geharde komt
hier de wilg naar voren en dan meestal als knotwilg, omdat
de boom in die vorm blijkbaar het meeste rendement afwerpt.
Hout was vanouds erg schaars in het rivierengebied. Grienden
voorzagen voor een belangrijk deel in de behoefte, maar
knotwilgen maakten het mogelijk om zonder noemenswaardig
verlies aan grond ook elders wat extra hout te produceren.
Overal in het lage land zijn ze nu een gewone verschijning;
zonder knotwilgen is het beeld van polders en rivierenland
niet compleet. Ze staan daar niet louter als landschapsstoffering,
want de deels vermolmde pruik van zo'n knot dient vaak
allerlei planten tot groeiplaats, zelfs lijsterbessen en vlieren.
Als bijzondere knotwilgbewoner moet de eikvaren genoemd
worden, die in de lage landen alleen op dergelijke uitgesproken
voedselarme plekken gedijt. Bovendien biedt zo'n grillige knot
aan sommige zoogdieren onderdak en aan verschillende vogelsoorten broedgelegenheid. Eenden maken er hun nest op of in,
de torenvalk en drie soorten uilen brengen er hun jongen groot
en verscheidene holenbroeders onder de zangvogels kunnen
zich alleen dank zij deze bomen in polders en uiterwaarden
handhaven.
Het is met de knotwilgen echter precies zoals met vele andere
zaken die al 'vanouds' zo zijn. Er zijn er nog genoeg en de
meeste zien er ook erg knoestig, oud en eerbiedwaardig uit -
maar dat is juist het probleem. Om een knotwilg vitaal te houden
moet hij regelmatig worden 'afgezet': elke drie tot vijf jaar
moeten alle takken eraf. Als daarmee te lang wordt gewacht
en de takken pas worden afgezaagd als ze erg dik zijn, wordt
het voor de wilg steeds moeilijker om weer goed uit te stoelen.
En als het afzetten helemaal achterwege blijft, worden de takken
ten slotte zo zwaar dat de toch al niet zo solide basis ze niet
meer houden kan, afbreekt en te gronde gaat.
Voor de eigenaars is het onderhoud van de knotten vaak niet
lonend, omdat ze niet meer zo'n behoefte hebben aan gerief-
hout en nog minder aan brandhout, want ook op het platteland
heeft olie of aardgas bijna overal de 'mutsaard' verdrongen.
Daarom zijn tot redding van de knotwilgen de laatste jaren
milieugroeperingen vooral in het centrum van het land actief
geweest om, natuurlijk in samenwerking met de eigenaars,
de knotwilgen kort te houden. Kostbaar bleken dergelijke acties

niet te zijn, want alle door de vrijwilligers gemaakte onkosten inclusief ongevallenverzekering konden gemakkelijk worden betaald uit de opbrengst van het dikke hout, dat bij de papierindustrie zeer gewild is.

Behalve voor onderhoud moet er natuurlijk ook gezorgd worden voor aanvulling van het knotwilgenbestand. Want al worden ze oud, ze gaan niet eeuwig mee. Een nieuwe boom is snel gepoot. Een wilgestok, zo'n twee en een halve meter lang en onderaan vier tot zes centimeter dik, wordt flink diep in de grond gestoken, een halve meter ongeveer, in slappe grond nog wat dieper. De stok schiet vanzelf wortel en maakt overvloedig schot. Het zijschot moet de eerste jaren steeds worden ver-

wijderd; de kroon wordt na vier jaar gehakt. Natuurlijk duurt het dan nog wel een paar decennia voordat we zo'n schilderachtige dikke knot hebben met eikvarentjes en steenuiltjes, maar juist daarom moeten we niet wachten met deze nieuwe stekken. Want op veel plaatsen is er een duidelijke leemte in het knotwilgenbestand: de opgroeiende generatie ontbreekt. Niet alleen wilgen kunnen beknot worden, ook populieren, elzen en een zo karakteristieke rivierbegeleider als de es zien we als knot. Ze worden ongeveer gelijk behandeld als de wilg, alleen worden deze soorten meestal niet gestekt, maar aangeplant en nadat ze een acceptabele dikte hebben bereikt, op een hoogte van een meter of twee afgezaagd.

Onder: Woudrichem
Rechtsboven: Boerderij langs de Lekdijk bij Langerak

Leven met de rivier

Steden en dorpen langs de dijk

Van een verbondenheid tussen mens en rivier is op het ogenblik
nauwelijks meer sprake. De rivier is er nog wel en vormt
een fraai element in het landschap, maar er zijn nog maar
weinig mensen die er in hun dagelijks bestaan mee te maken
hebben. Overal in Nederland gaat men namelijk voortdurend
meer op precies dezelfde manier leven en daarbij worden
de van streek tot streek verschillende natuurlijke omstandigheden steeds minder benut. De mensen die dat in het rivierengebied nog doen, zoals vissers, rietsnijders, griendwerkers en
veerlieden, worden dan ook steeds zeldzamer. Anderen,
zoals boeren en schippers, blijven er wel volop actief, maar
hun bezigheid heeft steeds minder met het totale rivierenlandschap te maken. De grond wordt meer en meer bewerkt
zoals dat overal elders in Europa gebeurt en de rivier wordt een
vaarweg zoals elke andere.
In de eeuwen die achter ons liggen is de verbondenheid van
de mens met de rivier veel groter geweest. De buit van jagers
en vissers vormde een belangrijke bijdrage voor de voedsel-
voorziening. De plattelandsbevolking woonde voornamelijk
tegen of bij de dijken, de enige betrouwbare woonplaats.
Dorpen en stadjes werden nagenoeg allemaal langs de rivier
gebouwd en waar de rivier haar bedding verlegde, werd door het
graven van een nieuwe loop de band meestal weer hersteld.
Voor het vervoer van goederen was de rivier eeuwenlang
de meest bruikbare en veiligste weg, en elke plaats van enige
betekenis had dan ook iets met de scheepvaart te maken.
Sommige steden groeiden ten slotte uit tot centra van internationaal goederenverkeer, maar ook voor de kleine plaatsen

was de rivier onontbeerlijk voor handel, visserij en kleine nijver-
heid zoals scheepstimmerwerven.
Het feit dat de rivieren steeds een voorname functie als
natuurlijke grens hadden, heeft ook een sterk stempel op het
landschap gedrukt. Veel riviersteden werden versterkt met
verdedigingswerken en sommige van die vestingen dateren
nog uit de tijd dat graven en hertogen hun territoriumgevechten
beslisten met pijl en boog, stormtuig en werpgeschut. Maar
vooral in de tachtig jaar waarin we met wisselend succes
het Spaanse juk probeerden af te schudden, werden in dit grensgebied tussen de noordelijke en zuidelijke Nederlanden heel
wat nieuwe vestingen aangelegd en oude in overeenstemming
gebracht met de eisen van die tijd.
Deze ommuurde steden waren meestal ook redelijk beveiligd
tegen het water en boden zo bij overstromingen uitwijkmogelijkheden voor de bevolking van de wijde omgeving. Anderzijds
was het ook wel minder plezierig zo'n vesting in de buurt
te hebben, want er was lang niet altijd voldoende geld om
te kópen wat nodig was voor het talrijke krijgsvolk. Behalve
door water werd de rivierstreek regelmatig overstroomd
door plunderende en brandschattende soldaten van diverse
nationaliteiten.
Na 1814 zijn er geen vestingen meer belegerd, en de meeste
hebben op den duur hun militaire betekenis verloren. Sommige
werden deels ontmanteld, maar meestal gebeurde in de erop
volgende eeuw helemaal niets. In de laatste jaren proberen
de 'achtergebleven' stadjes de achterstand in te halen,
maar sommige zijn daar gelukkig weer snel mee gestopt,
omdat men ontdekt heeft dat 'achteraan lopen' eigenlijk helemaal
niet zo onprettig is.

Het boerenland

Het rivierkleigebied geldt terecht als heel vruchtbaar.
Toch is er nooit sprake geweest van grote welstand onder de
agrarische bevolking. Het gedurende eeuwen steeds weerkerende
krijgsrumoer tussen de rivieren was daarvoor natuurlijk ook niet
erg bevorderlijk, maar werkelijk fataal waren de tot in de
vorige eeuw regelmatig voorkomende winterse overstromingen,
die grote schade toebrachten en gepaard gingen met zware
lasten voor dijkherstel. Na zo'n overstroming, en meestal ook
na natte winters waarin de dijken het nog net hadden uit-
gehouden, bleven de landerijen zo lang dras dat er van de oogst
niet veel terecht kwam. Door de geringe opbrengsten werden
voor veel boeren de lasten ten slotte zo hoog dat ze hun

bezittingen moesten verkopen. Het aantal pachters was in de
rivierstreek dan ook opmerkelijk hoog en omdat de eigenaren
zelf vaak buiten de streek woonden, was hun aan de welstand in
het rivierengebied niet veel gelegen. Vooral in het begin
van deze eeuw werd bij verpachtingen nogal misbruik gemaakt
van de grote landhonger. Een hele verbetering bracht de
Pachtwet van 1937, waardoor onder meer het voor boer en
grond fatale systeem van verpachting voor telkens één jaar
onmogelijk werd.
In de jaren dertig was de afwatering van grote delen van het
rivierengebied zo verbeterd dat de meeste gronden goed benut
konden worden. Alleen de komkleigebieden lagen er toen nog
als een wildernis bij. Delen ervan werden als hooiland gebruikt;
voor een intensiever cultuur waren ze door hun slechte
afwatering niet geschikt. Vanwege de groeiende behoefte
aan landbouwgrond werden er allerlei plannen gemaakt om
ook deze gronden te verbeteren. Na de oorlog is men daarmee
begonnen in het kader van grote ruilverkavelingen, het eerst
in het Land van Maas en Waal, de Nederbetuwe en de Tielerwaard, waar de meeste eer te behalen viel, omdat daar de
grootste oppervlakte aan komgronden was. Daar zijn nu enkele
honderden veehouderijen ontstaan, een bedrijfsvorm die
in het Gelderse rivierengebied verder zeldzaam is. In de
waarden in het westen, de Alblasserwaard, de Lopikerwaard
en de Krimpenerwaard, houdt men zich wel uitsluitend met
veeteelt bezig ('Ze maken kaas in overvloed - altijd, in voor-
en tegenspoed'). Dat is ook daar niet altijd zo geweest:

in de achttiende eeuw was in deze streek vooral de verbouw van hennep ten behoeve van de touwslagerijen van belang. De veestapel was toen uitsluitend bedoeld als mestproduct voor de hennepakkers. In de daaropvolgende eeuw nam de veeteelt meer en meer toe, maar pas in het begin van deze eeuw werden de ver van de boerderijen gelegen schraallanden intensiever voor dit doel gebruikt. Van dergelijke onbemeste hooilanden zijn nu nog maar een paar lapjes te vinden, in natuurreservaten.

In het oostelijke rivierengebied ontwikkelden zich de gemengde bedrijven. De lichtere, beter te bewerken gronden van de oeverwallen dienden voor akkerbouw, het lager gelegen land leende zich voor weiland, terwijl de veraf gelegen en slecht ontwaterde komklei uitsluitend als hooiland gebruikt werd. Ook de uiterwaarden werden benut als hooi- en weiland. De lichte grond van de oeverwallen was zeer geschikt voor de fruitteelt, die vooral ook werd bedreven op de zogenaamde overslaggronden. Dat zijn de gronden binnendijks van een dijkdoorbraak, waar door het kolkende water veel zand, afkomstig uit het doorbraakgat, werd afgezet. Boomgaarden worden al in de vijftiende eeuw vermeld. In de zestiende eeuw is er in Arnhem een kersenwaag en verscheept men deze vruchten reeds naar Amsterdam. Ook ander fruit is dan al van meer dan plaatselijk belang. In 1654 vermeldt een Gelderse geschiedschrijver daarover: 'Men kan Gelderland en de Geldersche Betouw noemen de gemeyne Appel-kelder van Holland en Friesland.'

Voor de boeren was de opbrengst van het fruit een bijverdienste en dat is tot voor kort zo gebleven, hoewel de oppervlakte aan boomgaarden tot aan het einde van de laatste oorlog gestaag toenam. Daarna is de rentabiliteit van de fruitteelt door buitenlandse concurrentie danig in de knoei geraakt en werd er drastisch met de bijl gezwaaid. Bijgevolg zijn nu bijna alle hoogstambomen verdwenen, waarna voor de meeste akkerbouw in de plaats is gekomen. Andere zijn vervangen door moderne laagstamplantages, meestal eigendom van een gespecialiseerd fruitteeltbedrijf. Die hebben vooral belangstelling voor appels. Toch is ook de kersenteelt nog van betekenis, vooral in de Betuwe. Elders hebben zich andere specialiteiten ontwikkeld. Zo is de Bommelerwaard onze grootste aardbeienproducent. In deze waard, maar vooral ook in de Oostbetuwe tussen Arnhem en Nijmegen, is de tuinbouw zeer belangrijk. De meeste produkten worden er onder glas geteeld. Op de gemengde bedrijven wisselt in de loop van de tijden de verhouding grasland-bouwland in samenhang met de prijzen van de verschillende produkten. De uitbreidingsmogelijkheden voor de akkerbouw zijn hier echter beperkt, omdat de lager gelegen gronden zich daar nauwelijks voor lenen. Op het ogenblik overheerst het grasland; de akkers liggen voornamelijk op de oeverwallen waarop ook de dorpen en boerderijen gebouwd zijn. Meestal zijn de akkers klein en vaak erg smal. Daardoor valt dan vooral een markante eigenschap van die oeverwalakkers heel duidelijk op: ze zijn op de meeste plaatsen niet kaarsrecht, maar licht gebogen.

Waterschap en waterstaat

Als je erachter probeert te komen wie er voor de rivier en alles wat daarbij hoort zorgt, blijken dat nogal wat verschillende instanties te zijn. Die zijn te verdelen in twee groepen: ambtenaren van verschillende waterstaatdiensten, en functionarissen van polderdistricten, ook wel waterschappen genoemd. Waterschappen zijn openbare lichamen met een bestuur dat wordt gekozen door de ingelanden, de eigenaars van gronden in het gebied waar het waterschap voor de waterbeheersing zorgt. De kosten hiervan worden door de ingelanden gezamenlijk gedragen.

Een van de belangrijkste zorgen van zo'n polderdistrict langs de rivier is natuurlijk het buitenhouden van het rivierwater, zodat de rivierdijken ook onder toezicht van het waterschap staan en er ook door worden beheerd en onderhouden. Vroeger gebeurde dat laatste door de ingelanden, die ieder een dijkvak kregen toegewezen. Voor de goede verzorging daarvan was hij met heel zijn hebben en houden aansprakelijk. Op verschillende plaatsen waren de dijken echter al eeuwen 'gemeen', wat betekende dat de hele dorps- of stadsgemeenschap de verantwoordelijkheid droeg voor een groter stuk dijk. Pas in de vorige eeuw hebben de waterschappen de onderhoudsplicht op zich genomen.

Sindsdien zijn veel van de oorspronkelijk vaak kleine water-

schappen samengesmolten. Toch zijn ook nu nog tientallen verschillende waterschappen verantwoordelijk voor de rivierdijken. Op hun beurt staan zij weer onder toezicht van Gedeputeerde Staten van de verschillende provincies, die zowel de begroting als de technische zaken moeten goedkeuren. Elke provincie beschikt voor deze technische kanten over een provinciale waterstaat, waarvan de 'natte' afdeling zich onder andere bezighoudt met de dijken, de afwatering en ook de waterkwaliteit. De verbetering van dat laatste is speciaal de taak van regionale zuiveringsschappen, die ook opereren onder toezicht van de provincies.

Over álle waterstaatsaangelegenheden waakt de minister van Verkeer en Waterstaat, die op zijn beurt Rijkswaterstaat daarmee heeft belast. Deze dienst zorgt onder meer voor de beveiliging van het land tegen het water, een juiste hoeveelheid en kwaliteit van het water, scheepvaartwegen, havens en een veilige en vlotte verkeersafwikkeling aldaar, het verzamelen van gegevens en het doen van onderzoekingen en proefnemingen met betrekking tot waterstaatsaangelegenheden, het opstellen van regelingen met betrekking tot allerlei waterstaatszaken, en het toezicht op de uitvoering en naleving van dergelijke regels. Om al deze taken naar behoren te kunnen vervullen is Rijkswaterstaat verdeeld in een aantal 'directies, diensten en overige instellingen'. De laatste twee, waaronder de Studiedienst en het Rijksinstituut voor Zuivering van Afvalwater ressorteren, beperken zich tot specifieke werkzaamheden. Directies zijn er in elke provincie en die houden zich bezig met alle 'natte' en 'droge' waterstaatszaken in hun regio, voor zover ze binnendijks liggen. De grote rivieren vormen voornamelijk het werkterrein van twee aparte directies: de Directie Bovenrivieren en de Directie Benedenrivieren. Eerstgenoemde behartigt de belangen van IJssel, Waal en Rijn-Lek, en wel voor zover deze onder de bepalingen van de Akte van Mannheim vallen, dus tot Loevestein en Krimpen aan de Lek. De Directie Benedenrivieren neemt alle stromen daar over, inclusief de Maas vanaf Heusden. Verder stroomopwaarts wordt de Maas beheerd door de Directie Limburg. Deze directies zijn verantwoordelijk voor het hele gebied tussen de kruinen van de beide bandijken. Daarbinnen hebben ze vooral bemoeienis met de waterafvoer, de waterkwaliteit en de scheepvaartbelangen. Voor déze waterstaatsmensen zijn de dijken dan ook niet zo zeer van belang als beveiliging van het land erachter, maar als mogelijke belemmering voor een vlotte waterafvoer. Veranderingen aan de dijken

bekijken ze dan ook vooral uit dat oogpunt en ze waken er zorgvuldig voor dat het waterbergend vermogen van de hele rivierbedding niet verkleind wordt door bij voorbeeld inpolderingen van stukken uiterwaard. In principe zijn ze tegen elke afvoerbelemmering in de uiterwaard, weren er dan ook elke bebouwing en beplanting en geven de maximale hoogte van zomerkaden aan.

Daarnaast hebben deze diensten veel werk aan het in orde houden van de vaarweg. Uit scheepvaartoogpunt moet die liefst zo gelijkmatig mogelijk van diepte en breedte zijn en nu dat ideaal ongeveer bereikt is, moet ervoor gewaakt worden dat het zo blijft. De stromende rivier heeft steeds weer de neiging om uit dit nette keurslijf te ontsnappen: kleine wijzigingen op de ene plaats kunnen daardoor grotere storingen elders veroorzaken, zoals ongewenste oeverafslag of de vorming van ondiepten. Meetboten zijn daarom steeds bezig de situatie

op te nemen en veranderingen te signaleren, zodat de oorzaak ervan kan worden opgespoord en zo snel mogelijk weggenomen, wat meestal veel effectiever is dan het bestrijden van de gevolgen.

Heel belangrijk is ook de waterstaatstaak ten aanzien van de verkeersregeling op het water. Langs de meer dan duizend kilometer bevaarbare rivier zijn heel wat verkeerstekens nodig: bakens op de oever om de ligging van de vaargeul aan te geven, en tonnen in het water. Voor waarneming bij nacht worden die tekens nog aangevuld met allerlei lichten. Op de linkeroever zijn de tekens zwart en de lichten groen, op de rechter zijn beide rood. In een beweeglijk water als de rivier kan niet worden volstaan met alleen het plaatsen van dergelijke tekens; er is ook veel controle en onderhoud nodig. Bovendien moeten er regelmatig nieuwe situaties worden afgebakend, zoals ondiepten, wrakken en werkzaamheden in de rivier.

Rivierschippers

De eerste stoomboot voer al in 1816 op de Nederlandse binnenwateren, maar rond 1900 ging het vrachtvervoer op de rivier
nog voor het grootste deel per zeilboot. Langs de smalle rivieren
als IJssel en Maas was een jaagpad, want daar konden de
schepen niet altijd zeilend vooruit komen. De paar schippers,
die toen de nog erg wilde Maas boven Venlo bevoeren,
hadden hun eigen voortstuwing in de vorm van jaagpaarden
aan boord op stal.
De romantische tijd van tjalken en rivierklippers heeft voor
sommige schippers nog tot na de tweede wereldoorlog geduurd,

maar liep toen snel af. Voor zeilen is heel wat ruimte nodig,
en de voortdurend talrijker wordende trage sleepkonvooien
maakten het manoeuvreren steeds moeilijker. De meer dan
duizend vrachtzeilboten die er na de oorlog nog in het hele land
waren, verloren door deze handicap en ook omdat ze door hun
geringe laadvermogen steeds minder rendabel werden,
de concurrentiestrijd met de gemotoriseerde vrachtvaart.
Op de rivier zijn intussen ook steeds minder sleepboten te zien.
De meeste schepen hebben hun eigen voortstuwing en de
sleepbakken zijn vervangen door duwbakken, die met twee
of vier tegelijk door machtige duwboten worden voortbewogen. Zulke duwstellen met een totale lengte van honderd

negentig meter kunnen per duwbak maximaal 2700 ton vervoeren, wat aanmerkelijk meer is dan het laadvermogen van gewone Rijnschepen. Dat ligt bij de meeste tussen 400 en 1000 ton, en alleen de allergrootste kunnen tot 2000 ton gaan. Volgeladen duwbakken hebben echter een diepgang van bijna vier meter, en zo diep is de Waal in tijden van lage afvoer lang niet, zodat de bakken een groot deel van het jaar geen volle lading kunnen vervoeren. Door deze beperking is de duwvaart op de Rijn toch niet zo sterk ontwikkeld als bij de introductie ervan in 1963 werd verwacht.

Op Maas en IJssel varen geen duwboten: het vaarwater is daar nog minder geschikt voor zulke giganten, en bovendien is daar ook niet zo veel te vervoeren. Op de IJssel passeren jaarlijks 45.000 schepen met een totaal laadvermogen van 18 miljoen ton Doesburg, het drukste punt. In 1970 passeerden 87.000 schepen, met 27 miljoen ton goederen, de stuw bij Sambeek. Over de grens bij Lobith gaan jaarlijks echter 100 miljoen ton goederen, waarvan 60 procent stroomopwaarts. Natuurlijk is er op Waal en Rijn ook veel binnenlands vrachtvervoer, maar het belangrijkste is toch het verkeer van de zeehavens naar Duitsland en terug. Stroomopwaarts worden vooral veel ijzererts en vloeibare brandstof vervoerd, maar ook steenkool, chemische produkten, graan en andere voedingsmiddelen. Stroomafwaarts gaan weer veel chemische produkten en brandstof, verder ijzer en staal, auto's en machines, zand, cement en kunstmest. Dit vervoer over de grens wordt verzorgd door de internationale Rijnvloot, waarvan ongeveer de helft onder Nederlandse vlag vaart. Sommige schepen behoren tot het eigen vervoerbedrijf van anderssoortige ondernemingen of zijn eigendom van grote of kleine rederijen, maar een belangrijk deel van de vloot behoort aan particuliere schippers. Op grond van de al vaker genoemde Akte van Mannheim worden alle scheepvaartaangelegenheden op de Rijn en zijn zijtakken geregeld door de Centrale Commissie voor de Rijnvaart. Die stelt niet alleen technische eisen aan het vaarwater, maar ook aan de schepen. Dat houdt in dat alleen schepen die aan haar voorschriften voldoen, mogen varen op de Rijn buiten eigen land. Sinds 1970 is er ook een internationaal Reglement van Politie voor de Rijnvaart, dat op de Rijn geldt van Zwitserland tot Loevestein en Krimpen aan de Lek. Het is van kracht voor álle scheepvaartverkeer, dus ook voor de schepen die niet tot de internationale Rijnvloot behoren. Voor landrotten lijkt het verkeer te water nogal chaotisch: keurig rechts houden zoals op de autowegen is er niet bij.

Maar de rivier is meestal breed genoeg om de schippers die vrijheid te geven die zij nodig hebben om bij het varen zo veel mogelijk rekening te houden met de stroom. Op de Waal is de snelheid daarvan al gauw een kilometer of vier, vijf, en dat is ook voor moderne vrachtvaarders een niet te onderschatten mee- of tegenvaller. De stroomafwaarts varende schepen kunnen ervan profiteren door zo veel mogelijk de stroomdraad aan te houden; dat is op de rechte stukken ongeveer in het midden van de rivier en in de bochten vlak langs de buitenbocht. Stroomóp varend zoekt men bij voorkeur kalmer water, dus langs de oevers en in de binnenbochten. Om dit mogelijk te maken is het de schepen toegestaan elkaar aan beide zijden voorbij te lopen en te passeren, voor zo ver dat tenminste zonder problemen kan. Daarbij moeten ze hun medewatergebruikers wel duidelijk laten weten wat ze gaan doen. Dat gebeurt door het tonen van een blauwe vlag of bord. Geluidssignalen worden alleen gegeven als gevreesd wordt dat de bedoelingen niet goed overkomen of als er iets scheef zou kunnen gaan.

Bij duisternis worden de borden vervangen door lichtsignalen. Overigens varen de meeste schepen 's nachts niet, maar gaan buiten de vaargeul voor anker. Alleen heel grote schepen en duwstellen met een dubbele bemanning gaan dag en nacht door. Ook bij mist varen ze, met behulp van radar, een hulpmiddel dat de meeste kleine boten nog niet hebben.

Veren

Overzetveer is de officiële naam voor alle soorten vaartuigen waarmee personen of voertuigen van de ene oever van het water naar de andere kunnen worden gebracht. Meestal wordt alleen maar gesproken van veer, maar daarmee kan ook de plaats worden bedoeld waar zo'n inrichting opereert. Op heel wat punten langs de rivier heeft de plaatsnaam het veer zelfs overleefd, zoals Katerveer en Raamsdonksveer. Ook zijn er intussen heel wat veerhuizen zonder veer, en lang niet overal leidt de veerweg nog via de verhoogde veerdam door de uiterwaard naar de veerstoep. Dit laatste woord heeft trouwens ook weer twee betekenissen: niet alleen heet de verharde aanlegplaats van de veerpont zo, maar soms ook de op- en afrit van de dijk ter plaatse. De benaming pont heeft alleen betrekking op het vaartuig; de meeste veren zijn dus een póntveer, waarop gevaren wordt met een véérpont. Een

uitzondering is de veerdienst van Woudrichem naar Loevestein, die met een roeibootje wordt onderhouden.

Voor de voortbeweging van ponten waren twee verschillende principes in gebruik. De trekponten werden met handkracht voortgetrokken langs een over de bodem liggende dwarskabel. Ze werden vooral op stilstaande wateren gebruikt, maar er is nu bij één rivier ook nog een trekpontje, dat door de stroming voortbewogen wordt langs een over het water gespannen kabel. Daarmee kunt u van het Limburgse Elsloo uit een pint gaan drinken in het Belgische veerhuis aan de overkant.

Het meest voorkomende type pont op de rivieren is de al zeker sinds de achttiende eeuw in zwang zijnde gierpont, een even simpele als vernuftige manier om de stroming van het water het werk te laten doen. De veerbaas of zijn knecht hoefde alleen maar de pont wat schuiner op de stroom te draaien. Het hele vaartuig maakte dan een kalme zwaai aan de in het midden van de rivier stevig verankerde lengtekabel en kwam

aan de overkant weer netjes bij de veerstoep aan. Al lang
hebben deze gierponten een motor, aanvankelijk alleen om
de eerste afzet wat meer kracht bij te zetten, maar al spoedig
om vlugger te kunnen oversteken. Het steeds drukkere en
snellere scheepvaartverkeer maakt een vlotte oversteek noodzakelijk. Op sommige plaatsen is zoveel verkeer, dat alleen
nog vrijvarende ponten zijn toegestaan. Dat is het geval
op de Waal, waar heel wat stuurmanskunst van de veerman
wordt gevraagd. Op de Maas en de Nederrijn waar sinds
de kanalisatie de stroming nagenoeg verdwenen is, varen
de ponten nog wel via een dwars- of lengtekabel omdat de
besturing daardoor een stuk simpeler is, maar voor de voortbeweging zorgt een krachtige motor.
Vanouds vormden veren voor de vorsten een van de mogelijkheden om enige munt te slaan uit het eigendom van de stromen.
De veerrechten zijn dan ook sterk verwant aan tolrechten.
Typerend is bij voorbeeld een verbod uit de vijftiende eeuw
om te paard de IJssel te doorwaden. Oversteken mocht alleen
via het veer, uiteraard tegen betaling, niet alleen van het loon
van de veerman, maar ook nog van een bijdrage in het inkomen
van degene die intussen het recht had verkregen op die
bepaalde plaats een veer te drijven. Dat recht werd exclusief
verleend voor een bepaald gebied, soms alleen voor een voetveer,
maar meestal voor een 'volledig veer', waarmee dus ook alle
voertuigen mochten worden overgezet.
Momenteel worden nog steeds een aantal veren geëxploiteerd
op grond van zo'n oud veerrecht. Soms bezit de veerman zelf
dat recht, soms ook pacht hij het van een ander. In dat laatste
geval is hij dus geen eigenaar van het veer, maar meestal wel
van de veerpont. Deze particuliere veren hebben, vooral als

gevolg van het toegenomen aantal vaste oeververbindingen,
tegenwoordig de grootste moeite om in de vaart te blijven.
Sinds 1968 is er de mogelijkheid dat exploitatietekorten door
de overheid worden aangevuld. Tot voordeel van de veerman,
maar vooral van de veergebruikers, omdat hierdoor de niet
helemaal rendabele veren toch kunnen blijven en voorkomen
wordt dat de tarieven al te sterk moeten stijgen.
De overheid heeft trouwens nog heel wat meer bemoeiingen
met de particuliere veren. Volgens de Verenwet van 1921
moeten ze worden gecontroleerd door het provinciaal bestuur,
en wel door dat van de provincie waarin de exploitant woont.
Weliswaar mag de veerbaas vaartijden en tarieven vaststellen
en zelf het type en formaat vaartuig kiezen, en is híj alleen
verantwoordelijk voor een goede en veilige overtocht, maar
de overheid ziet erop toe dat hij zich houdt aan de eenmaal
vastgestelde tarieven en vaartijden. Bovendien moet de pont
natuurlijk voldoen aan de eisen die aan de scheepvaart worden
gesteld en wordt hij regelmatig gekeurd.
De meeste veren zijn intussen in handen van de overheid.
Er zijn gemeenteveren, provinciale veren en rijksveren.
Vaak worden die daadwerkelijk door de overheid gedreven,
maar ze kunnen ook verpacht worden aan particulieren. De
overheidsveren kunnen een voortzetting zijn van oude particuliere
veren, maar meestal zijn ze jonger en ontstaan als onderdeel
van een nieuwe verkeersweg. Een paar rijksveren hebben hun
ontstaan te danken aan een nieuwe waterweg, zoals de drie veren
op de Bergse Maas, de omstreeks 1900 gegraven nieuwe Maas-
monding. Deze veren kunt u herkennen aan het feit dat de
overtocht gratis is.

Kooikers

Hoewel ze maar in een enkel geval hun bedrijf vlak bij de rivier uitoefenen, zijn kooikers toch heel sterk aan het rivierenland gebonden. De eenden zoeken juist waterrijke gebieden op en die zijn, met uitzondering van de lage Friese weidestreek, altijd nauw met de grote stromen verbonden geweest. Al in de zeventiende eeuw waren overal kooien, maar van een kooibedrijf was toen nog nauwelijks sprake. De meeste van die vanginrichtingen waren kleine plasjes op het erf van een boerderij, blijkbaar bedoeld om gedurende de wintermaanden te zorgen voor een eendebout op eigen dis. Hieruit heeft zich later de eendenkooi als gespecialiseerd bedrijf ontwikkeld en wie het voorrecht heeft een kooiker bij zijn dagelijkse bezigheid te mogen gadeslaan en vooral ook te zien wat er allemaal moet gebeuren voordat hij de buit binnen kan halen, zal

begrijpen dat een succesvol kooiker een ware vakman is. Het lijkt allemaal zo simpel: zo'n rustige kooiplas is voor de eenden, die 's nachts in de verre omtrek voedsel zoeken, een zeer aantrekkelijk dagverblijf, dus eenden zijn er al gauw genoeg. Maar voor de meeste is die plas volkomen veilig. Ze kennen, wellicht wijs geworden door een vroegere ervaring, het foefje van de kooiker en laten zich dan ook niet vangen in de 'pijp'. Ze behoren tot de vaak wel duizend of meer eenden tellende 'stal' van de kooi en vervullen een heel belangrijke rol in het bedrijf: ze brengen andere eenden, de 'wilde vogels', mee naar de kooi. Glurend door een klein kijkgaatje in het rietscherm rondom de plas ziet de kooiker 's morgens meteen of er van dit vangbaar goed aanwezig is. Hij gaat dan met zijn hondje naar de meest geschikte van de vier vangpijpen, namelijk die welke de eenden tegen de wind in zwemmend moeten benaderen.

Het hondje moet zich daar even vertonen aan het begin van de met rietschermen omzoomde vangpijp en zo de nieuwsgierigheid van de eenden opwekken. Het kooikerhondje, dat liefst bont gekleurd en langharig moet zijn en als het even kan ook nog een zwierige pluimstaart moet hebben, laat zich nog een paar keer zien, steeds verder de pijp in. Intussen strooit de kooiker er voer voor zijn stal en voor de tamme lokeenden, die steeds op de plas blijven omdat ze gekortwiekt zijn. De bedoeling is dat de wilde eenden ook mee de pijp in zwemmen en als ze daar ver genoeg in zijn, vertoont de kooiker zich ineens wild gebarend aan het begin van de pijp, tussen de plas en de eenden. De meeste schrikken daarvan niet zo erg; ze vliegen rustig langs de man terug naar de plas. Dat zijn de staleenden, die het klappen van de zweep intussen kennen. De echte wilde eenden fladderen in wilde paniek naar het eind van de pijp, waar ze een lichte plek voor een opening naar de vrijheid aanzien. Maar ook daar vliegen ze tegen gaas aan, tuimelen naar beneden en komen in het uiteinde van de pijp, het vanghok, terecht. Met een touw sluit de kooiker van een afstand de klep van dit vanghok.

Van deze finale merken de eenden op de plas niets. De kooiker werkt steeds geruisloos en omdat de vangpijp een flauwe bocht maakt, is vanaf de plas niets van het vanghok te zien.

Dit vangen, waarvan het succes sterk afhangt van een goed samenspel tussen kooiker en hondje en van een door jarenlange ervaring verkregen inzicht in de situatie, is wel het meest spectaculaire van het kooibedrijf. De meeste tijd besteedt de kooiker echter aan het voorbereiden van deze oogst. Letterlijk

oogsten doet hij in de nazomer, wanneer hij veel van de eenden
vangt, die in het voorjaar binnen de beschutting van de kooi
geboren zijn. De kooiker zorgt voor extra broedgelegenheid:
van wilgetenen vervaardigde broedkorven worden bij honderden,
in sommige kooien wel meer dan duizend, uitgezet.
Veel zorg vereist het kooibos waarbinnen de plas gelegen is.
Het moet een goede beschutting geven, maar toch niet zo hoog
opgroeien dat het voor de vogels moeilijk wordt op de plas
neer te strijken en ervan weg te vliegen. Daarom moet het hout,
vooral knotwilgen en andere knotbomen, regelmatig worden
gehakt. Het kaphout wordt samen met riet uit de buurt meestal
weer in de kooi verwerkt in beschoeiingen, schermen en vangpijpen, een heel werk dat zo rustig mogelijk moet gebeuren
in de stille tijd, het voorjaar.
In het najaar en in de wintermaanden komen de trekvogels
uit het noorden, wat extra veel vangkansen geeft, maar ook
veel meer werk. Bij vorst komen de eenden alleen in de kooi
als er open water is en dat betekent vaak dat de kooiker
in de koudste uurtjes van de vroege donkere ochtend moet gaan
'ijzen', zodat de eenden, die bij het eerste daglicht terugkeren,
open water aantreffen. Vroeger stond tegenover al dit werk
een steeds wisselende, maar over het algemeen toch wel toe-
reikende vangst van een paar duizend eenden. Sinds de
jaren dertig lopen de vangsten, en daarmee het aantal kooien,
echter terug. Allerlei cultuurtechnische werken, die in veel
gebieden een verlaging van de grondwaterstand tot gevolg
hadden, zijn daarvan de voornaamste oorzaak. De drogere
landen verloren namelijk veel van hun aantrekkelijkheid
voor waterwild.
In 1948 werd een inventarisatie gemaakt van het aantal kooien.

Er waren er toen honderd drieënvijftig, waarvan honderd
vijfentwintig in gebruik. In 1974 waren het er nog honderd
veertig, waarvan tachtig meer of minder in bedrijf. Bij de meeste
is dat gebruik 'minder', omdat de kooiker nog andere bezigheden heeft om aan het dagelijks brood te komen. Veel kooien
zijn nu ook in handen van natuurbeschermingsorganisaties,
die de kooi wel in stand houden, maar er helemaal niet vangen
of op beperkte schaal ten behoeve van het ringonderzoek.
De meeste kooien zijn belangrijke reservaten in het cultuurlandschap en vormen een pleister- en broedgebied voor heel wat
meer vogels dan alleen eenden. De rust in en rond de kooi is
namelijk overal verzekerd door het eeuwenoude afpalings-
recht, waardoor jacht en andere rustverstorende activiteiten
binnen een bepaalde afstand (tot 1500 meter) uit het centrum
van de kooi verboden zijn.
Iets zien van het kooikersbedrijf, en vooral iets proeven
van de sfeer in een eendenkooi, is voor belangstellenden mogelijk
omdat enkele natuurbeschermingsinstanties op bepaalde tijden
hun demonstratiekooien openstellen. Zo kunt u van de
Stichting Het Zuid-Hollands Landschap de bekende eendenkooi
De Bakkerswaal onder langs de Lekdijk bij Lekkerkerk
bezoeken, terwijl Staatsbosbeheer een eendenkooi bij Hasselt
(Overijssel) en bij Waardenburg (even ten noorden van Zaltbommel) voor bezoekers heeft ingericht.Bovendien stelt de
Vereniging tot Behoud van Natuurmonumenten haar leden
in de gelegenheid twee kooien in het reservaat De Wieden
in Noordwest-Overijssel te bezoeken. Omdat deze kooien nog
volop in bedrijf zijn, kunt u er natuurlijk alleen in de 'stille tijd',
in het voorjaar dus, een kijkje achter de schermen nemen
en alleen nadat tevoren een afspraak is gemaakt.

Ganzenvangers

Langs de rivier opereren nog andere vogelaars, de ganzenvangers. Hun aantal is nog geringer dan dat van de kooikers, want ganzen vangen geeft maar enkele maanden van het jaar werk. Vroeger gaf het ook voor enkele maanden inkomen, maar nu doet het zelfs dat niet meer. Toch werd, als enige mogelijkheid om in de schrale wintermaanden wat bij te verdienen, het bedrijf in het verleden op verschillende plaatsen hartstochtelijk beoefend.

Vanouds waren er drie gebieden in Nederland waar ganzenvangers werkten. Ten eerste natuurlijk in Friesland, het ganzenland bij uitstek, dan waren er een aantal in de drassige polders van de Eemmonding ten noorden van Baarn, en de derde plaats was langs de Maas. Daar waren ze uitsluitend te vinden in het gebied van de Beerse Maas, op de linkeroever van de Maas dus, ten westen en vooral ten oosten van Den Bosch. Voordat de Beerse Overlaat buiten gebruik werd gesteld - officieel was dat in 1941, maar in feite al verscheidene jaren eerder - was het hele stroomgebied van deze 'groene rivier' in de winter altijd min of meer dras. En omdat het bovendien onbewoond en dus erg rustig was, vormde het een ideaal voedselgebied voor de ganzen, en een goede kans voor de ganzenvangers, waarvan er zich in die tijd tientallen met dit bedrijf bezighielden.

Sinds de dichting van de overlaat is de streek grondig verkaveld en ontsloten en voor de ganzen heel wat minder aantrekkelijk geworden. Toch komen ze er blijkbaar nog net vaak genoeg, want in het wijde polderland ten zuiden van Lith aan de Maas werken in de wintermaanden nog vier ganzenvangers, zodat we er nog kunnen zien hoe dit bedrijf wordt uitgeoefend. Hoe lang dat nog zal duren, is overigens erg onzeker, want een lonende bezigheid is het al vele jaren niet meer. De vier die nog volhouden, doen het dan ook alleen omdat ze het werkelijk niet kunnen laten, maar het plezier gaat er wel steeds meer af, omdat de vangsten voortdurend kleiner en de kosten alsmaar hoger worden.

Ergens in een rustige hoek van de polder heeft een ganzenvanger zijn schuilhut. Die bestaat uit vier simpele windschermen, en daartegenaan een meer of minder riant overdekt hokje, waarin hij wat spullen kan bewaren en waar meestal iets pruttelt op een petroleumstelletje. Tussen de schermen staan twee kooien, met daarin een vijftiental lokganzen. 's Morgens, nog voordat het licht is, worden drie van die lokganzen meegenomen naar het net, tweehonderd meter van de hut vandaan. Ze worden vervoerd in twee houten kooien, die aan een juk hangen. Ganzen vangen is namelijk een eenmansbedrijf, hoewel de meeste vangers tegenwoordig wel een enthousiaste vrijwillige helper hebben.

De netten zijn slagnetten, die met een zware veer zijn gespannen en vanuit de hut kunnen worden bediend door aan een draad te trekken. Twee stuks zijn er opgesteld, aan weerszijden van een sloot. Tussen de sloot en een van de netten worden de drie 'stelganzen' geplaatst. Ze hebben een riempje om het lichaam, dat aan een in de grond verankerd kettinkje wordt vastgemaakt. Als de vanger dat gedaan heeft, controleert hij nog even de netten en gaat dan snel terug naar de hut, want bij het eerste licht is er een goede kans dat er ganzen overkomen. Dan trekken ze van hun slaapplaats naar de voedselgebieden. Maar als we een dag bij de ganzenvangershut doorbrengen, horen we dat er voor zowat elk uur van de dag wel een reden is om hoopvol de lucht af te speuren. Zelfs in de uren waarin volgens de ervaring niet veel te verwachten valt, heb je een goede kans, want juist als je ze niet verwacht . . . Wachten, dat is de belangrijkste bezigheid van de vanger, en al wachtend alsmaar goed opletten. Soms komt er een hele dag lang geen gans overvliegen. Maar als ze komen, moet de vanger ook klaar staan. Zijn vangmethode is erop gebaseerd dat ganzen op zoek naar een voedselgebied bij voorkeur neerstrijken

bij rustig grazende soortgenoten. Hij moet dus zorgen dat de
wilde ganzen attent worden gemaakt op de grazende lokkers,
en die moeten dan zo'n vreedzaam tafereeltje vormen dat
ze de wilde aanlokken. Daarvoor neemt hij, als er een troep
wilde komt aanvliegen, enkele van de in hun kooien achtergebleven lokganzen en werpt die in de lucht. De familieband
bij ganzen is heel sterk en omdat de stelganzen bij het net
familie zijn van de opgegooide vogels, roepen beide elkaar toe.
De stelganzen roepen daarbij iets wat vrij vertaald neerkomt
op ,,kom maar gauw hier, hier is water en voer." Dat moet
ook voor de wilde in de lucht aantrekkelijk klinken, en als
alles mee zit, komen die wat lager vliegen en draaien
een rondje, zodat ze de zaak beter kunnen bekijken. De vanger
gooit dan meestal nog een paar lokkers op, zodat die door een
landing-zonder-aarzeling kunnen demonstreren dat alles
veilig is. Als het goed gaat, komen ten slotte de wilde ook
naar beneden, al hebben die meestal nogal wat bedenkingen
voordat ze helemaal aan de grond komen. Ze landen ook niet
vlakbij de lokkers, maar meestal een honderd meter er vandaan.
Al grazend kuieren ze daarna in de richting van de lokkers,
waarbij ze het net moeten passeren.
Voor de vanger zijn dit momenten van opperste spanning.
Zo'n koppeltje ganzen kan een familiegroepje zijn van vier
of zes stuks, maar het kunnen er ook tientallen of honderd zijn.
Als die al grazend bij het net komen, is het zaak dat de slag
wordt geslagen op het moment waarop een maximaal
aantal ganzen onder het bereik van het net loopt. Ook als het
om een klein troepje gaat is het vaak al moeilijk genoeg ze
er allemaal onder te krijgen, want ze lopen soms ver uiteen.
Per slag worden dan ook meestal minder dan tien vogels
gevangen, en er zijn dagen dat het net niet eens in beweging komt.
Soms is er een hele week niets. Lang niet alle overvliegende
ganzen zijn namelijk vangbaar. Ze kunnen te hoog vliegen
of te ver weg, misschien kennen ze het kunstje al en trappen
ze er niet meer in. Misschien ook rijdt er net een trekker
op een weiland vlakbij of is er een andere storing in de buurt.
In twijfelgevallen waagt de vanger allicht een gokje door
een paar lokkers uit te gooien, maar dat doet hij zeker niet
als hij er geen heil in ziet. Ze moeten namelijk ook weer worden
teruggehaald, wat een hele sjouw is met het juk. Dat is op
zich zelf wel niet onoverkomelijk als je urenlang hebt stilgestaan
en verkleumd bent, maar het betekent wel dat je vijf minuten
lang niet vangen kunt. En je zult zien dat juist dan de ideale
vangkans gakkerend komt overvliegen!

Er is heel wat ervaring nodig om van de weinige kansen
die zich op een dag kunnen voordoen, te profiteren. Zonder
ervaring mag je trouwens ook niet met ganzen vangen beginnen,
want voor dit jachtbedrijf is een vergunning nodig en die wordt
alleen uitgereikt aan iemand die het 'altijd' gedaan heeft.
De ganzenvangerij sterft dus langzaam uit. Ook voor de ganzen
is dat geen reden tot vreugde, want die hebben weinig nadeel
van deze vorm van jacht. Nagenoeg alle gevangen dieren
worden namelijk geringd en weer losgelaten; de vanger krijgt
een vergoeding voor zijn medewerking.

Onder: Pootvis vangen in de Biesbosch, het inhalen van de zegen
Rechtsboven: Schokkers met ankerkuil bij de stuw van Lith
Rechtsonder: Deze grote fuik zit aan het eind van de ankerkuil

94

Vissers

Schrijvend over de riviervisserij is het moeilijk niet in de
verleden tijd te vervallen. In gesprekken met de paar vissers
die tegenwoordig nog met dit bedrijf hun brood verdienen,
komen de verhalen telkens weer op vroeger, en vaker nog
op 'm'n vader', want vooral omstreeks de eeuwwisseling was het
de tijd van legendarisch grote vangsten. Té grote vangsten
waren dat, naar de mening van visserijbiologen die de laatste
jaren nog eens kritisch hebben nagegaan hoe het allemaal
verlopen is. Zoals op bladzijde 38 al is duidelijk gemaakt,
was van de factoren die het verdwijnen van de trekvissen
op onze rivieren veroorzaakten, de overbevissing een belangrijke. Aan het eind van de vorige eeuw werden de rivieren
letterlijk afgegrendeld door zegens en drijfnetten. Daardoor
waren de vangsten tijdelijk enorm groot, maar het gevolg was
dat bijna geen vis meer de paaiplaatsen kon bereiken, zodat van
de voortplanting niets meer terecht kwam. De zalmen, en
eerder al de steuren, verdwenen mede door deze overbevissing.
De achteruitgang van de andere trekvissen is grotendeels
veroorzaakt door andere menselijke activiteiten, zoals de
'verbeteringswerken' aan de rivier. De watervervuiling
en de steeds verder gaande afgrendeling van de weg stroomopwaarts door stuwen hebben de toestand later nog verergerd.
De bij de stuwen aangebrachte vistrappen of -liften blijken
in de praktijk nergens echt goed te werken.
Genoeg over het verleden, de broodvissers van nu moeten

het hebben van de huidige visstand. Aal is tegenwoordig eigenlijk
de enige belangrijke consumptievis, niet alleen op de rivieren,
maar in alle binnenwateren. Hoeveel vissers er langs de rivier
hun brood mee moeten verdienen, is niet precies bekend;
in het hele land zijn er nog een honderd vijftig full-time binnen-
vissers. Het aantal dat de visserij als nevenbedrijf beoefent,
is enkele malen groter. Vermoedelijk opereren maar enkele
tientallen broodvissers op de rivier.
Op de benedenrivieren zijn de mogelijkheden voor palingvisserij
nog het grootst. Er wordt voornamelijk met fuiken gewerkt
en dat geeft helaas eindeloos veel problemen. De beste viswateren zijn blijkbaar ook nogal geschikt voor waterrecreatie
en deze twee activiteiten schijnen niet te verenigen. Veel vissers
nemen daarom een gedwongen zomervakantie om hart en
zenuwen te sparen.
Een andere methode van palingvangst is die met de ankerkuil,
waarvoor een boot nodig is - vaak is dat een oude schokker
van het IJsselmeer - die ergens waar een flinke stroming staat
voor anker wordt gelegd. Dan wordt de kuil uitgezet, een
geweldig groot net met vooraan een opening van zes bij zes meter,
opengehouden door twee forse palen. De ene, verzwaarde, paal
ligt op de bodem, de andere drijft aan het wateroppervlak.
Het net is dertig meter lang en aan het steeds nauwer toe-
lopende eind voorzien van een fuik. Met zo'n ankerkuil werd
vroeger overal op de rivieren gevist en tot voor kort werden ze
in de getijdestromen van Haringvliet en Hollands Diep nog
uitgezet. Nu zijn de plaatsen waar het water redelijk schoon is

en tegelijk ook nog sterk stroomt, schaars geworden. Op maar een paar punten kan er de hele zomer nog lonend mee worden gewerkt, namelijk juist beneden de stuwen in de Maas. Daar is de stroming nog krachtig genoeg en zwemt nog voldoende aal om er de ankerkuil uit te zetten.

In de winter hebben de beroepsvissers langs de rivieren bezigheid met het vangen van pootvis. Vooral in de benedenrivieren zijn sinds de afsluiting van het Haringvliet de levensomstandigheden ook voor vissen sterk veranderd. Veel soorten zijn daardoor verdwenen, maar voor andere zijn de mogelijkheden in dit grote binnenwater beter geworden. De sportvissers in de Biesbosch en omgeving profiteren daarvan, maar het water beslaat hier zo'n grote oppervlakte en is door de vissen zo goed bevolkt dat de hengelaars maar een klein deel kunnen vangen. Daarom vist de broodvisser er op grote schaal met de zegen, een koud en zwaar werk, waarvoor drie man nodig zijn. Zo'n zegen is een net van minstens honderd meter lang en een paar meter breed, aan de bovenlijn voorzien van drijvers en aan de onderkant van gewichten, zodat het als een gordijn in het water komt te hangen. Vanaf een punt aan de oever wordt de zegen over het water uitgezet, in een wijde boog om een plek heen waar een visschool wordt verwacht. Als het andere eind ook op de oever is, wordt het ingehaald.

De vangst bestaat nagenoeg uitsluitend uit witvis: brasem, blankvoorn en kolblei, die niet van belang zijn voor de consumptie, maar worden verkocht aan sportvissersorganisaties en uitgezet in andere viswateren. Op deze manier verdienen de laatste broodvissers toch nog een boterham aan het groeiende leger van hengelaars.

Griendwerk

Vanouds is in het rivierengebied elk stukje grond zo intensief mogelijk gebruikt. Maar zowel in de uiterwaard als binnendijks waren er steeds veel stukken die door een te lage ligging het grootste deel van het jaar te nat waren voor normaal gebruik. Toch werden ook deze plaatsen 'in cultuur' gehouden. Als het er erg vochtig was, maakte men er rietland van, maar als het even kon, werd zo'n stuk bestemd voor de blijkbaar lucratiever griendteelt. De plant die hierbij 'geteeld' wordt, is de wilg, of liever een wilg, want er zijn verscheidene soorten, aangepast aan verschillende levensomstandigheden en geschikt voor uiteenlopend gebruik. Maar al die soorten hebben gemeen dat ze in heel veel opzichten erg 'willig' zijn: ze willen bijna overal groeien, en ze laten forse ingrepen toe.

Een wilgetak die op een vochtige plek terecht komt, schiet daar wortel en ontwikkelt zich snel tot een struik. Om een keurig perceeltje griendhout op te zetten hoef je alleen maar alle takken van die struik af te hakken en in de grond te steken, bij voorkeur op een rijtje, wat het oogsten gemakkelijk maakt. Die 'oogst' wordt meestal in het derde jaar binnengehaald. De takken hebben dan net de goede maat om tot bossen rijshout te worden verwerkt. Dat is tegenwoordig de belangrijkste en vrijwel de enige bestemming voor het griendhout: rijshout dat bij allerlei werkzaamheden onder water en aan de waterkant wordt toegepast.

Nog niet zo lang geleden echter werd dit griendhout voor tientallen doeleinden gebruikt. Uit dunne twijgen werden vele soorten manden, beschoeiingen en schermen gevlochten. De dikkere werden verwerkt tot steel voor allerlei werktuigen en als

materiaal voor meubels of speelgoed (daarvoor dienden de 'poppestokken') of vonden hun bestemming bij tuinders of veeboeren als staken of weidepalen.

Alle boeren langs de rivier hadden vroeger dan ook hun eigen griendje, en de nodige handigheid en vindingrijkheid om daar alles uit te halen voor hun gerief, van mandenmateriaal tot brandhout.

Op de plaatsen in het rivierengebied waar grote oppervlakten van het land voor niets anders dan griendcultuur bruikbaar waren, groeide deze teelt uit van bijzaak tot hoofdzaak. Vooral in het getijdegebied, ongeveer vanaf de Biesbosch tot aan Willemstad (verderop werd het water te zout voor de wilg), maar ook in laaggelegen delen van Zuid-Holland en Utrecht en plaatselijk tussen de rivieren werd griendwerk voor velen een hoofdberoep. Alleen in de zomermaanden deden deze mensen wat seizoenwerk bij de boeren, maar minstens tien maanden van het jaar werkten ze in het griend. Om daarvan zo veel mogelijk te kunnen oogsten moest dat goed worden verzorgd door bij voorbeeld het 'onkruid' regelmatig te maaien en de greppels te onderhouden. Het hakken gebeurde, en gebeurt nog, van begin november tot begin april en daarna was men nog maanden bezig met het verwerken van de verschillende soorten 'band, latten, stokken en stelen'. Dat leverde ten slotte een sortiment van twintig verschillende soorten halfprodukten op, die in de omgeving verder werden verwerkt. Wat overbleef, werd tot bossen rijshout gebonden en alleen het allerslechtste kreeg het predikaat 'brandhout'.

Vooral in en rondom de Biesbosch bloeide deze griendcultuur, nog tot zo'n twintig jaar geleden. Verminderende vraag naar griendprodukten als gevolg van de opkomst van nieuwe materialen en de voor dit zeer arbeidsintensieve bedrijf funeste stijging van de loonkosten hebben de griendteelt in enkele jaren onrendabel gemaakt. Overigens niet tot verdriet van de griendwerkers, die uit die tijd alleen herinneringen aan zware arbeid onder zeer moeilijke omstandigheden hebben overgehouden. De meesten van hen werken nu bij de dijkbouwers- of baggerbedrijven, die zijn voortgekomen uit de griendbedrijven rondom de Biesbosch.

Slechts hier en daar langs de rivier zijn nu op gunstige plekken nog enigszins rendabele grienden, de andere worden verwaarloosd en groeien uit tot zware wilgenstruwelen. Maar ook de 'gecultiveerde' grienden zijn afhankelijk van de weinige, steeds zeldzamer wordende oude griendwerkers die nog de vakkennis hebben om uit het griend te halen wat erin zit.

Onder: Steenfabriek langs de IJssel met droogrekken voor de 'vormelingen'. Aan de horizon ligt Arnhem, de weg is de E 36 naar Oberhausen

98

Steenfabrieken

Steenbakkerijen zijn eeuwenlang de enige industriële activiteit in het rivierengebied geweest. Ook nu nog zijn deze grote fabriekscomplexen met hun hoge schoorstenen heel gewone elementen in het landschap. Waar ze zelf verdwenen zijn, hebben ze vaak hun sporen achtergelaten. Kleiputten binnen-

en buitendijks en de bekende rijtjes arbeiderswoningen wijzen op het grote belang van deze industrie, lange tijd de enige vorm van werkgelegenheid buiten de agrarische sector.

Nu is het niet zo dat steenfabrieken uitsluitend bij de rivieren zijn gevestigd. Er zijn er even goed bij Groningen en Bergen op Zoom en Heerlen, want op de meeste plaatsen is wel geschikte grondstof voor metselstenen te vinden. Maar van de

99

Steenfabrieken liggen meestal in de uiterwaarden. Bij hoge waterstanden raken ze nogal eens geïsoleerd

honderd zesendertig nu nog werkende fabrieken vindt men meer dan de helft langs de grote rivieren (en bovendien nog een stel langs de Limburgse Maas) en daar wordt tweederde van de jaarlijks ruim twee miljard Nederlandse metselstenen gemaakt. Bovendien komen alle straatstenen hier vandaan, want de klei voor de vervaardiging van deze extra harde klinkers is elders niet te vinden.

Langs Nederrijn en Waal liggen de meeste steenfabrieken in de uiterwaard, omdat daar vanouds het materiaal voor het op- scheppen lag en omdat de aanvoer van brandstof en de afvoer van stenen het goedkoopst over het water konden geschieden. Deze laatste twee argumenten zijn nu niet meer van belang: vrijwel alle fabrieken stoken hun ovens op aardgas en de stenen worden bijna allemaal per vrachtwagen afgevoerd. De nabijheid van grondstof is nog steeds een gewichtig punt, maar toch ook niet meer zo belangrijk als vroeger, toen het graven en vervoeren ervan heel wat moeizamer gingen.

De mechanisatie van deze en andere werkzaamheden in de steenindustrie is eigenlijk pas na de oorlog op gang gekomen en heeft geleid tot een sterke vermindering van het aantal werknemers bij een gestegen produktie. In 1952 werkten 12.300 mensen op de 'steenovens', in 1962 nog 10.400 en in 1972 5.800. Deze produktiviteitsverhoging per werknemer werd bereikt door een sterk toegenomen investering, gepaard aan een even sterke afname van het aantal bedrijven, van tweehonderd veertig naar honderd zesendertig. Deze cijfers hebben betrekking op de hele Nederlandse baksteenindustrie, maar ze illustreren duidelijk de sterke veranderingen in deze bedrijfstak. Alle verbeteringen komen neer op een mechanisering van de verschillende onderdelen van het produktieproces, dat in grote lijnen nog net zo verloopt als heel vroeger.

Het begint met de winning van klei, die bij het fabrieksterrein wordt opgeslagen en daar een voorbewerking ondergaat. Daarbij wordt de grondstof goed gemengd, gezuiverd, zonodig voorzien van toevoegingen ter verkrijging van bepaalde kwaliteiten en dan met water goed kneedbaar gemaakt. Dan worden er 'vormelingen' van gemaakt, die een tijdlang moeten drogen. Pas als ze het overtollige vocht kwijt zijn, worden deze 'groene stenen' gebakken in een oven, waarin ze langzaam worden verhit tot ruim 1000 graden en daarna weer heel lang- zaam afkoelen. Eenmaal uit de oven moeten de verschillende kwaliteiten nog worden uitgesorteerd, voordat ze worden afgevoerd.

Er moet dus heel wat worden gesjouwd met klei en stenen,

en het is vooral dit onderdeel geweest waarbij door mechanisatie heel wat handwerk kon worden uitgespaard. Een ander knel- punt in het produktieproces was het drogen van de vormelingen, dat vroeger in de buitenlucht gebeurde en daarom alleen van april tot oktober mogelijk was. In die periode moesten dan zoveel halfprodukten worden vervaardigd dat met deze voorraad de oven ook in de winter in bedrijf kon blijven. Dat betekende dat voor een belangrijk deel van de arbeiders alleen in de zomer werk was. Momenteel wordt bijna overal kunstmatige droging toegepast. De onafzienbare rijen droogrekken waarin de vormelingen tot voor kort te drogen werden gezet, zijn op veel fabrieksterreinen nog te zien.

Ten slotte is ook het oventype steeds verbeterd, waarbij vooral is gezocht naar een efficiënt gebruik van brandstof en naar een oven, waarmee een zo gelijkmatig mogelijk produkt kon worden verkregen. Momenteel gebruikt men vooral ring- en vlamovens, waarin de stenen op een vaste plaats staan en het vuur zich verplaatst, en tunnelovens, waar juist de stenen langzaam doorheen worden gereden.

De grondstof is bij dit alles vanzelfsprekend zeer belangrijk. Om het hele produktieproces zo goed mogelijk in de hand te houden, worden ook aan de klei steeds hogere eisen gesteld. Daaraan kan worden voldaan door zorgvuldig afgewogen menging van klei van verschillende herkomst. De steen- fabrieken betrekken hun klei dan ook niet altijd alleen uit de directe omgeving van de fabriek. Dat is ook lang niet overal meer mogelijk, want de vier miljoen kubieke meter klei die elk jaar nodig is, wordt steeds moeilijker te vinden.

Tips voor verkenningen

Voor iedereen bereikbaar

Voor het geval u door hetgeen u nu gelezen hebt, nog niet bent aangezet alle moois van rivierenland zelf eens te gaan bekijken, volgen hier een paar tips voor verkenningstochten. Verwacht echter geen uitvoerige routebeschrijving en ook geen volledige opsomming van datgene wat u beslist gezien moet hebben. De kaart op bladzijde 126 toont daar wel iets van, maar eigenlijk is het hele gebied op die kaart van belang. Soms is vooral het landschap een bezoek waard, elders gaat het in de eerste plaats om het planten- en dierenleven, of om de grote historische betekenis, maar heel dikwijls spelen op één plaats al die verschillende waarden een rol. De kaart dient vooral om te laten zien dat de meeste Nederlanders niet zo ver van een stukje rivier af wonen, en er blijkt ook uit hoe uitgestrekt het rivierenland wel is.

De grootte van een gebied is maar betrekkelijk, hangt af van de wijze waarop je het verkent. Voor een algemene oriëntatie is een autotocht wel erg geschikt, maar voor een dieper gaande kennismaking met de verschillende elementen waaruit een landschap is opgebouwd, is fietsen of wandelen de aangewezen manier.

Wandelend of fietsend wordt dit uitgestrekte gebied ineens nog veel 'groter': je kunt er zo jaren over doen om het geheel te leren kennen. Bovendien maken we het lopend en fietsend voor elkaar veel ruimer, want het enige bezwaar ertegen is op dit moment het plaatselijk te drukke autoverkeer. Als iedereen

er maar van overtuigd raakt dat lopen de meest ideale manier van verkennen is (en daar komt men achter door het een keer te doen), dan is ook dat probleem opgelost.

Natuurlijk kun je zo'n wandeling op elk willekeurig punt beginnen en dan maar zien welke verrassingen er voorbij elke volgende bocht van de dijk wachten. Maar omdat de een nu eenmaal liever een kerncentrale ziet en de ander een bloeiende zwanebloem, is enige voorbereiding van de tocht toch wel gewenst en daar is in de eerste plaats een goede kaart voor nodig. De topografische kaarten op schaal 1 : 50.000 geven een schat aan informatie, maar het nadeel ervan is dat elke kaart maar een klein stukje van het rivierenland bestrijkt. (Inlichtingen over deze kaarten kunt u krijgen bij de Topografische Dienst, Westvest 9, Delft.) Voor algemeen gebruik heel geschikt zijn de toeristenkaarten van de ANWB, waarop met een groen lijntje alle 'schilderachtige routes' zijn aangegeven. Daarmee is bij de rivieren wel erg kwistig omgesprongen, want niet alleen zijn er veel rivierdijken mee versierd, maar ook heel wat binnenweggetjes. Ter plaatse rondkijkend besef je hoe moeilijk die aanduiding voor de kaartenmakers geweest moet zijn, want de meeste weggetjes zonder groene rand zijn even mooi. Voor het rivierengebied hadden ze heel wat inkt kunnen uitsparen door een tekentje uit te vinden voor oninteressante wegen.

Alle bezienswaardige dorpen en stadjes opnoemen heeft evenmin veel zin. Tussen Willemstad en Grave, Nieuwpoort en Doornenburg, Gorkum en Nijmegen, langs de Linge, de IJssel en de

Geheel links: April langs de Linge
Links: Watersport op de Afgedamde Maas
Hieronder: De Nederrijn vanaf de Wageningse Berg

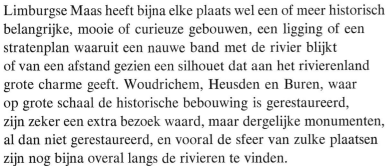

Limburgse Maas heeft bijna elke plaats wel een of meer historisch belangrijke, mooie of curieuze gebouwen, een ligging of een stratenplan waaruit een nauwe band met de rivier blijkt of van een afstand gezien een silhouet dat aan het rivierenland grote charme geeft. Woudrichem, Heusden en Buren, waar op grote schaal de historische bebouwing is gerestaureerd, zijn zeker een extra bezoek waard, maar dergelijke monumenten, al dan niet gerestaureerd, en vooral de sfeer van zulke plaatsen zijn nog bijna overal langs de rivieren te vinden.

Hier kan hoofdzakelijk informatie gegeven worden over het landschap. Wie zich wil verdiepen in de details ervan, zoals de flora en de fauna, zal vooral zelf zijn weg moeten zoeken. Wie daarbij naar iets speciaals uitkijkt, zal dat niet altijd vinden, maar zeker wel iets beleven dat de dag helemaal goed maakt. In het rivierengebied liggen heel belangrijke natuurreservaten, maar bezoekerscentra, zoals bij natuurmonumenten elders in het land, zijn er niet. Ook bestaan er geen wandel- gidsen voor. Ze zijn meestal niet ingericht om grote aantallen bezoekers te ontvangen, omdat ze erg kwetsbaar zijn. Natuurgebieden langs de rivier zijn namelijk steeds grens- gebieden, bij voorbeeld overgangen van nat naar droog, van laag naar hoog, van zand naar klei. Op een betrekkelijk klein gebied vind je er een grote verscheidenheid aan natuurlijke milieus. Te veel menselijke invloed kan daar veel eerder fataal zijn dan bij voorbeeld op de Hoge Veluwe met zijn vele hectaren precies dezelfde hei of hetzelfde bos.

Van de grote oppervlakte natuurgebied in het rivierenland is eigenlijk maar een opvallend klein deel aangekocht door natuurbeschermingsorganisaties. Alleen de allermooiste en allerkwetsbaarste terreinen zijn eigendom (of staan op het

verlanglijstje) van de particuliere natuurbescherming, zoals de Vereniging tot Behoud van Natuurmonumenten en de provinciale 'Landschappen', en vooral van de Staat. De grootste reservaten liggen in het getijdegebied: grienden, rietland en grasland langs de Oude Maas en in de Zuidhollandse en Brabantse Biesbosch. Zeer belangrijk zijn ook allerlei terreinen langs de Linge, zoals oeverlanden, schraalland en wielen. In het winterbed van Maas, Waal, Rijn en IJssel zijn nog maar zeer incidenteel, en het meest nog langs de IJssel, stukken aangekocht. Dat zijn vooral oude rivierarmen (met als belang- rijkste de Kil van Hurwenen), kleiputten, rivierduinen en hier en daar ook grote percelen uiterwaard. In het oosten heeft CRM veel waardevolle bezittingen in de Ooijpolder en bij de Oude Rijnstrangen onder Lobith. Verder van de rivier vandaan zijn ook heel wat terreinen veilig, zoals in Limburg oude Maas- lopen en rivierduinen (helaas niet allemaal). Elders staan vooral wielen, kleiputten, boezemlanden, schraallanden, grienden en eendenkooien in de belangstelling. De komgrondreservaten in de Bommeler- en Tielerwaard bestaan uit dergelijke land- schapselementen.

Tot slot nog een opmerking over de jaargetijden: langs de rivier is er nooit een gesloten seizoen. Het kleurigst is het er natuurlijk in het voorjaar, maar de lente begint op de dijkhelling al heel vroeg. Bloemen blijven er de hele zomer door en pas in het najaar verdwijnen de kleuren heel langzaam. Dan drukt het ruigere weer steeds meer zijn stempel op het landschap en vooral op de rivier. Als het in de winter flink vriest, zijn wielen en dode armen al gauw met ijs bedekt. De rivier zelf blijft meestal wel open en vormt dan een belangrijke pleisterplaats voor grote troepen waterwild.

Wandelen in de bloesemtijd

In een overzicht van wat er in rivierenland alle twaalf maanden
van het jaar valt te genieten, mag de grote trekpleister van
dit landschap, de bloeiende fruitbomen in het voorjaar, niet
onvermeld blijven. Er zijn de laatste jaren heel wat boomgaarden
weggesaneerd en de meeste hoogstambomen zijn vervangen
door de voor een efficiënter bedrijfsvoering gewenste laag-
stammen, maar mét Zuid-Limburg blijft het hele rivierengebied
nog steeds goed voor onvergetelijke bloesemtochten.
De beste tijd voor dit festijn is niet precies te voorspellen.
Die hangt helemaal van het weer af, en dat bepaalt ook hoe
lang het feest zal duren. Is het nat en winderig, dan is de vreugde
maar van heel korte duur. Maar gelukkig bloeien niet alle
soorten fruit op hetzelfde moment, zodat het hele seizoen toch
minstens enkele weken duurt. Er vallen dan ook allicht een
paar mooie weekends in die bloeitijd.
Het begint ergens in de tweede helft van april. Het vroegst zijn
de pruimeboompjes. Spoedig daarop beginnen de kersen
te bloesemen, eerst de late, dan de meikersen. Pas daarna komen
de peren en ten slotte de appels, die te onderscheiden zijn
aan de meer roze getinte bloesem. In de paar weekends waarop
dit alles op zijn mooist is, kunt u zich beter niet te veel aan de
traditionele routes houden, want daar zijn dan zeker veel meer
mensen. En die komen helaas bijna geen van alle op het idee
dat je lopend veel intenser van die bloesempracht kunt genieten
en dat je al file-rijdend ook het plezier van wandelaars en
fietsers bederft. Wie vóór die tijd het rivierenland wat beter
heeft verkend, weet waar de rustige plekjes zijn. Want die zijn er
ook in het hoogseizoen nog genoeg te vinden langs de honderden
kilometers rivierdijk. Oostelijk van Geldermalsen zijn de
boomgaarden trouwens niet beperkt tot de stroken langs
de dijk. Daar bestaat het 'binnenland' voornamelijk uit stroomruggen, die bijzonder geschikt zijn voor fruitteelt. Bovendien
kan één bloeiend boompje even mooi zijn als een hele bloeiende
boomgaard en is er eind april, begin mei ook al veel fleurigs
te zien in de weilanden en op de dijkhellingen.
Kom vooral nog eens terug als de bloesems vruchten zijn
geworden. Schrik dan niet van een tierende en druk gebarende
boer: hij heeft het alleen maar tegen de spreeuwen, die in zijn
boomgaard een kersje willen meepikken. Ook september en
oktober zijn prima maanden voor een alternatieve bloesem-
tocht. De bomen zijn dan vaak nog fleuriger dan in het voorjaar
en het is er zeker rustiger.

Bovenste foto: Vooral ten noorden van Zutphen is de IJssel ideaal voor de watersport
Middelste foto: Oude IJsselloop bij Zalk
Onderste foto: De Dierense Hank bij Doesburg

Het IJsseldal

In zijn Verkade-album 'De IJssel' roemt Jac. P. Thijsse de schoonheid van het IJsseldal, zoals hij dat in 1915 tijdens een vijfdaagse verkenning per fiets onderging. Bij wijze van proef hebben we geprobeerd een van zijn tochten precies te volgen. Daarbij zongen onze rijwielen niet meer 'het lied van den voortreffelijken grindweg, een heel zacht liedje van fijn geruisch, als de kleine kiezelkorreltjes onder de banden rollen en zoo de beweging bevorderen'. Toch was het een schitterende trip en we ontdekten dat er ook nog heel wat in het IJsseldal bij het oude is gebleven. Tenminste voor zover we het konden bekijken, want we slaagden er niet in zijn hele dagrit uit te peddelen. Waarschijnlijk besteedden we al te veel tijd aan steeds maar weer wachten op een gunstig fotozonnetje en werden we al te vaak verleid tot het inslaan van veelbelovende zijpaadjes.

Vooral vanwege die zijpaadjes dienen we u af te raden Thijsse's route te volgen, want zulke zijsprongen bieden inderdaad meestal nog meer dan op het eerste gezicht mogelijk leek, voornamelijk weer andere veelbelovende zijpaden en nieuwe verrassingen. Op die manier kom je echt niet ver op één dag en een week is dan veel te kort om deze boeiende streek helemaal te verkennen. Dat zou alleen gaan met een tevoren nauwkeurig uitgestippelde route en een strak tijdschema, maar wie kan zich daar nu aan houden in dit zwierige landschap, waar de IJssel kilometerslange omwegen maakt en waar de dijk soms helemaal door zwaar bos loopt? Die Veluwse Bandijk, noordelijk van Voorst, is het best lópend te doen, en datzelfde geldt ook voor een heleboel andere dijkjes en stroomruggen in de uiterwaard, hoogten vanwaar je een redelijk uitzicht hebt over het IJsseldal, zodat het een beetje duidelijk wordt hoe het landschap is opgebouwd.

Een bijzonder boeiende kant daarvan is de steeds weer wisselende overgang van het hoge deel van de Veluwe naar het rivierdal. Vooral in het zuiden is dat verschil heel sterk, maar ook tussen Wapenveld en Hattem, en daar is het bovendien in 'het seizoen' niet zo druk. De overgang van hoog naar laag kun je ter plaatse bekijken, maar ook vanaf de overkant van de rivier, waar die heuvelhorizon een fraaie afsluiting vormt van het lage rivierdal. Erg vlak is dat dal niet: behalve de al genoemde stroomruggen zijn hier ook veel voormalige rivierduinen, vaak met een dorpje of een paar boerderijen erop. Verder is er zeer veel opgaand geboomte, zowel binnendijks als erbuiten. Vergeet ook de Oude IJssel niet, de zijrivier die zich bij Doesburg met de IJssel verenigt en tevens een onderdeel vormt van de vestinggracht van die stad. Tot bij Laag-Keppel is de Oude IJssel tussen twee strakke dijken gedwongen en bij een recente ruilverkaveling is het omgevende land ook nog flink 'verbeterd', maar je kunt er nog overal de sporen zien van geweldige rivieractiviteit en daaruit opmaken dat dit oudje lang niet altijd zo'n rustig watertje is geweest.

Wandelen is langs de IJssel ook daarom zo gemakkelijk, omdat door de vallei een spoorlijn langs alle grote plaatsen loopt. Je kunt dus overal gemakkelijk heen gaan en er ook weer wég komen. Bovendien zijn al die plaatsen op zich zelf de moeite van een nadere kennismaking waard. Doesburg, Deventer, Zutphen, Zwolle, Kampen, Dieren, Hattem, allemaal heel markante plaatsen met een plezierige sfeer, waar voor de liefhebber nog onuitputtelijk veel te zien is dat aan de rijke historie van de IJsselsteden herinnert. En alsof er buiten nog niet genoeg te beleven valt, hebben de meeste plaatsen ook nog een museum en zijn verschillende gebouwen van binnen te bezichtigen.

Noordelijk van Zwolle is het landschap, dat van de IJssel-monding, heel anders. Voorbij Hattem ligt de polder Hattem en daarop sluit nog een hele reeks andere polders aan, waar men in het begin van deze eeuw nog danig last had van overstromingen van de kant van de Zuiderzee. De boerderijen staan er dan ook allemaal op terpen. Alleen de smalle strook tussen deze polders en de IJssel is wat hoger: we herkennen hier duidelijk de stroomrug en bij het plaatsje Zalk zelfs een complex rivierduinen, met daarop het Zalkerbos. Aan de overkant van de IJssel ligt ook weer een grote polder, ingeklemd

tussen IJssel en Zwarte Water, de Mastenbroekerpolder. Gaande van Zwolle over de rustige polderdijk naar Genemuiden kunnen we zowel de polder als het Zwarte Water bewonderen. Schenk wat extra aandacht aan Genemuiden en ga dan vandaar over de dijk naar Kampen. Die dijk is minder rustig en vooral ook erg bochtig. Talrijke doorbraakkolken erlangs maken duidelijk dat het hier in de dagen van de Zuiderzee lang niet altijd een veilig oord was. Pas nadat die binnenzee aan banden was gelegd, is het noordelijk van de dijk gelegen Kampereiland beter beveiligd tegen overstromingen. Sindsdien is het beter omsloten en herinneren alleen de terpboerderijen nog aan die tijd. Aan de uiterste noordrand, langs het Zwarte Meer, is nog een natuurgebied dat een beetje laat zien hoe het landschap aan de monding van de IJssel er moet hebben uitgezien. Dit randgebied is daarom een natuurreservaat, maar voor belangstellenden organiseert Staatsbosbeheer er af en toe excursies.

Varen op de rivieren

Varen is eigenlijk de meest voor de hand liggende manier
om de rivier te verkennen. Maar het stromende water stelt
wel hoge eisen aan boot en stuurman, vooral daar waar veel
beroepsvaart is. Die grote vrachtschepen hebben weinig tijd
en ook nauwelijks mogelijkheden om rekening te houden met
plezierboten. Een rivier als de Waal is dan ook volkomen
ongeschikt voor watersporters die rust zoeken en willen genieten
van het landschap langs de oevers.
De Nederrijn, en meer nog de IJssel, zijn wat dat betreft beter
bevaarbaar. Het verkeer is er minder druk, zodat er rustig
gekeken kan worden naar het fraaie Veluwse landschap, en
bovendien zijn daar voldoende mogelijkheden om af en toe
eens aan te leggen. Langs de IJssel kan dat in bijna alle plaatsen,
zodat die voor een nadere kennismaking bezocht kunnen worden.
Bovendien zijn er veel zandgaten en afgesneden rivier-
bochten, waar watersporters kunnen varen én aanleggen.
Dergelijke mogelijkheden zijn er vooral ook langs de Maas.
De uitgebreide werkzaamheden aan deze rivier hebben de vaarweg wel erg strak en weinig bekoorlijk gemaakt, maar de
talloze afgesneden Maasbochten, vooral beneden Grave,
en de vele zand- en grindgaten in Limburg bieden tijdens een
Maasvaart ideale uitwijkmogelijkheden. De Linge ten slotte,
waar maar hoogst zelden een vrachtschip vaart, is helemaal

ideaal voor een riviertocht te water. Al varend kan men
bijna al zijn aandacht richten op het landschap. Dat wisselt sterk,
geeft nu eens heel intieme doorkijkjes als grienden en boomgaarden tot aan het water komen en dan weer weidse ver-
gezichten over brede graslanduiterwaarden.
Onmisbaar is een boot in de Biesbosch, het enige stuk rivierengebied dat alleen vanaf het water goed te verkennen is.
Daarvoor hoef je trouwens niet per se bootbezitter te zijn:
er gaan ook rondvaartboten door dit voormalige getijdegebied,
en wie het roer in eigen handen wil nemen, kan op verschillende
plaatsen een bootje huren. Een goede kaart, bij voorbeeld
de nieuwste waterkaart van de ANWB, is bij zo'n verkennings-
tocht wel erg nuttig, want er verandert nogal eens wat.
Sinds het wegvallen van het getij door de afsluiting van het
Haringvliet zijn ook veel van de voor de watersport aantrekkelijke
zandbanken en stranden verdwenen, maar toch is het water-
toerisme er sindsdien sterk toegenomen. Dat komt waarschijnlijk
vooral omdat in de tijd van de eb- en vloedbeweging veel
varensgasten werden afgeschrikt door het idee dat ze bij
vallend water wel eens konden vastraken op een zandplaat
en daar dan een halve dag gevangen moesten zitten, totdat
bij opkomende vloed de boot weer vlot raakte.
Voor wie niet komt om te zonnebaden of te spelevaren,
maar vooral om eens te zien wat voor landschap hier in de loop
van de eeuwen door de zee, de rivieren en de mens is opgebouwd,
is het erg spijtig dat eb en vloed verdwenen zijn. Een groot deel
van het gebied is nu voorgoed onder water verdwenen.
En met het wegvallen van de inwerking van de zee werd de
menselijke beïnvloeding van de Biesbosch veel sterker.
Grote delen worden nu veranderd in drinkwaterspaarbekkens.
Die worden weliswaar gevuld met Maaswater, maar de rivier-
bewegingen worden door hoge dijken zorgvuldig buiten die
bekkens gehouden. En ook de stukken griend, riet en ruigte
eromheen veranderen langzaam, omdat het niet meer rendabel is
ze te verzorgen. Alleen in de buurt van de polder De Dood
worden nog een aantal griendpercelen bijgehouden dank zij
de goede zorgen van Staatsbosbeheer. De rest ontwikkelt zich
langzaam tot oerwoudachtige wildernissen.
De rivierinvloed is in deze gebieden midden in de Biesbosch
niet groot meer. Sterker is ze bij voorbeeld langs de Merwede,
waar sterkere stroming en golfslag brede oeverzones hebben
gevormd, zowel aan de Zuidhollandse als aan de Brabantse kant.
Vooral in najaar en winter is hier goed te zien dat de inwerking
van de rivier zich ver over beide oevers uitstrekt.

Tussen Lobith en Nijmegen

Nijmegen is een goed uitgangspunt voor verkenningstochten
van het rivierengebied. Daarvoor hoef je niet speciaal in die
stad te wonen, want het station ligt dicht bij de Waal, en wie
opziet tegen een lange wandeling, kan gebruik maken van een
NS-huurfiets. Ga van de spoorbrug in oostelijke richting
naar de verkeersbrug, maar beklim daar eerst de hoogte
van het Valkhof. Van historische bouwwerken is daar niet veel
meer te zien, maar het is wel nuttig eens aan den lijve te onder-
vinden hoe groot de hoogteverschillen op dit stuk vaderlandse
bodem kunnen zijn. Het uitzicht vanaf deze hoogte wordt
helaas nogal belemmerd door het weelderige geboomte en
door de beide bruggen.

Voor een beter overzicht moeten we de Waalbrug op; neem het
fiets- en voetpad aan de oostkant. Van de brug af kunnen we
niet alleen het drukke scheepvaartverkeer bekijken, maar
vooral genieten van een schitterend weids rivierenlandschap.
De Waal maakt er een ruime bocht naar het noorden, om de
grote vlakte van de Ooijpolder heen, die in het zuiden wordt
begrensd door de wazige heuvelrand van het Rijk van Nijmegen.
Men moet dit indrukwekkende uitzicht zelf een keer genoten
hebben om te begrijpen hoe verstandig het regeringsbesluit
van enkele jaren geleden was om de Nijmeegse stadsuitbreiding
in deze Ooijpolder niet toe te staan. Vanaf de brug is ook
al te zien dat een verlegging van de rivierloop, de beraamde
bochtafsnijding, eveneens een geweldige aantasting van dit
landschap zal betekenen. Maar om ten volle in te zien

hoe funest een dergelijke drastische ingreep voor de Ooijpolder
zal zijn, moeten we dit gebied beter gaan bekijken. Een goede
kaart, waarop alle wegen staan aangegeven, is voor een diep-
gaande verkenning zeer gewenst, maar ook zonder kaart gaat het.
Neem van Nijmegen uit de Waalbandijk en volg die maar
zo ver u wilt, desnoods tot Millingen toe (daar houdt dit lánd op,
maar het landschap gaat er gewoon door).

Wie de wandeling niet beschouwt als een vierdaagse-training,
maar als de meest ideale manier om het landschap en allerlei
details daarvan beter te leren kennen, zal wel niet zo ver komen.
Meteen aan het begin van de bandijk ligt buitendijks bij voorbeeld
al een grote waterplas, de Oude Waal, met veel watervogels
en een rijke oeverbegroeiing. Binnendijks zijn er ook een
paar wielen en andere wateren, en aan de dijk liggen de
vriendelijke witte huisjes van het gehucht Tiengeboden. Daar
beginnen de Groenlanden, voornamelijk bestaande uit grote
en kleine putten waaruit klei is gegraven ten behoeve van
een van de zes steenfabrieken. Die zijn ook nu nog steeds bezig
met klei tichelen, zowel binnen- als buitendijks. Binnendijks
loopt bij het graven zo'n put langzaam vol kwelwater en
omdat dat nogal wat last geeft, begint men dan aan een
nieuwe put. De kleine dijkjes tussen de putten raken snel
begroeid met allerlei houtgewas, terwijl de kleine, afgesloten
tichelgaten ook al spoedig een meer of minder dichte en
gevarieerde vegetatie krijgen. Die putten zijn lang niet allemaal

even diep en de waterstand erin loopt ook nogal uiteen onder invloed van de rivierstand. Er is daarom een geweldige verscheidenheid aan levensmogelijkheden voor planten en dieren. Van die dieren is in de ruige omgeving doorgaans niet zo veel te zien. Dat wordt er niet beter op als men de ruigte gaat doorkruisen. Rustig gaan zitten op een plek met goed uitzicht is ook hier het beste wat men doen kan. Natuurlijk krijg je dan niet meteen zeldzaamheden als wouwaapjes te zien, maar kans daarop is er in elk geval wel, want er broeden hier nog verschillende paren.

Wandel vooral ook door het dorp Ooij, waar oude huizen net zoals de boerderijen elders in de polder, op terpen zijn gebouwd, omdat de Ooijpolder vroeger alleen maar was omgeven door een lage kade, die bij hoge waterstanden als een overlaat fungeerde. Volg van Ooij naar het zuidoosten de Kerkdijk, een vriendelijk kronkelende voormalige bandijk, met daarlangs op de meeste plaatsen langzaam dichtgroeiende wateren, restanten van een oude Waalloop. Vanaf deze dijk kunt u via Erlecom en dan over de Waaldijk weer terug naar Nijmegen, maar wie er nog niet genoeg van heeft, kan ook verder gaan langs de dijk naar Kekerdom. De uiterwaarden bij dat dorp en bij Millingen zijn weer buitengewoon afwisselend met oude strangen, kleiputten en ook een groot grindgat, de Kaliwaal, waar zich in de winter vaak grote troepen waterwild verzamelen. Ook in de broedtijd is deze uiterwaard belangrijk: zo is er de enige visdievenkolonie in het riviergebied en zelfs stormmeeuwen proberen hier regelmatig te broeden.

De noordoever van de Waal is eveneens landschappelijk bijzonder aantrekkelijk. Wie een forse fietstocht wil maken, kan beide oevers op een dag 'nemen' door bij Millingen met het voetveer over te steken. Maar de Ooijpolder is heel best een volle dag aandacht waard, en datzelfde kan gezegd worden van de uiterwaarden van Bemmel en Gendt aan de overkant. Beperk uw bezoeken aan deze gebieden niet tot het voorjaar en de zomer. Vooral vogelliefhebbers zullen in de trektijd en in de winter in dit gevarieerde gebied ruimschoots aan hun trekken komen.

Dezelfde verscheidenheid aan rivierlandschappen is er ook verder oostelijk, aan de rechteroever van de Waal. Bij Lobith ligt de grote - uitgegraven - plas van de Bijland binnen de Oude Waal, de uiterwaarden bij Pannerden en vooral het uitgestrekte gebied van de Oude Rijnstrangen. Dit laatste markante landschap is ontstaan nadat het Pannerdens Kanaal was gegraven en bestaat uit een brede uiterwaard met daarin enkele oude rivier-

lopen. Met eigen vervoer is deze streek van het westen uit te bereiken via het veer bij Huissen of Pannerden. Maar ook per spoor kan men gemakkelijk in deze uithoek van het land komen. Vanaf het station Zevenaar is het maar een kilometer naar Oud-Zevenaar, dat gebouwd is tegen de dijk rondom het gebied van de Oude Rijnstrangen. Over deze dijk kunt u oostwaarts lopen tot de weg van Babberich naar Herwen, deze weg volgen tot over de Oude Rijn en dan aan de overkant over de dijk weer westwaarts kuieren. Ergens noord van Pannerden kunt u dan weer over de Oude Rijn en via de noorddijk terug naar Zevenaar. Ongeveer vijftien kilometer lang is deze rondwandeling, maar u kunt er gerust een hele dag voor uittrekken, want er is genoeg te zien.

Het landschap binnen de dijken is zeer afwisselend, omdat de oude rivierloop bij hoge waterstanden nog lange tijd dienst heeft gedaan als extra bedding, en ook nu nog staan de Rijnstrangen aan een kant in open verbinding met de rivier. Het terrein heeft een sterk bodemreliëf met hoge ruggen en diepe geulen en ten gevolge van de wisselende waterstanden treffen we in deze uiterwaard dan ook heel veel overgangsmilieus aan tussen hoog en laag, nat en droog. In de oude strangen vinden we overal een weelderige moerasvegetatie in allerlei ontwikkelingsstadia, waar ook veel water- en moerasvogels zich thuisvoelen. Van deze moerassige stukken zijn grote delen in beheer als reservaat. Omdat ze erg kwetsbaar zijn, zijn ze niet toegankelijk, maar vanaf de dijken eromheen en vanaf de paar weggetjes door de uiterwaarden krijgt men toch een uitstekende kijk op dit waardevolle landschap.

Het centrale rivierengebied

De middenmoot van het rivierengebied, tussen de noordoever
van de Rijn en de zuidoever van de Maas, is het best te verkennen vanaf de dijken, of waar die langs de Nederrijn ontbreken
vanaf de hoge gronden langs de rivier. Bijna overal lopen
er wegen over die dijken. Vanouds waren dat de belangrijkste
verkeersroutes in deze slecht ontsloten streek. Maar omdat
ze te bochtig zijn voor het tempo van het hedendaagse verkeer,
werden er nogal wat nieuwe, rechte verbindingswegen door de
polders gemaakt, zodat het op de dijkwegen rustiger geworden is.
Wandelen en fietsen is daar nu mogelijk zonder veel last van
snelverkeer.

Vanaf de dijk heb je bijna overal een weids uitzicht over
de rivier en over de uiterwaard. Soms is de laatste zo breed
dat je de rivier niet of nauwelijks ziet, maar dan zijn er in
die uiterwaard meestal wel wegen en paden (doorgaans niet
geschikt voor auto's) die uitnodigen tot een nadere kennismaking.
Vooral langs de Waal zijn de uiterwaarden dat zeker waard
want langs die rivier zijn ze zonder twijfel het mooist en het
meest gevarieerd. Dat is vooral te danken aan het feit dat
de Waal, samen met de IJssel, eeuwenlang onze meest dyna-
mische rivier was, en dat ook nu nog is. In de uiterwaard
zijn veel oude rivierarmen en nergens vind je langs de dijk
zoveel doorbraakwielen, stuk voor stuk bewijzen van een
geweldige rivieractiviteit.

Vergelijk dit landschap eens met dat langs de Lek, dat eveneens
sterk wordt beïnvloed door een beweeglijke rivier en vooral
door de getijdebeweging. Bij Vreeswijk is het verschil tussen
hoog- en laagwater ongeveer driekwart meter, bij Schoonhoven
meer dan een meter. Brede stroken langs de oever worden
door deze tweemaal per dag optredende waterschommeling
beïnvloed. In deze getijdestrook zijn veel grienden, riet, ruigte
en ook kaal slik, met een rijk planten- en dierenleven.

Griend en riet zijn er ook wel langs de Benedenlinge, niet alleen
langs beide oevers van de rivier, maar tevens langs de Nieuwe
Zuiderlingedijk, die bij Asperen begint.

Het landschap langs de Maas is door de verbeteringswerkzaam-
heden aan deze rivier nogal achteruitgegaan. Maar de - niet
verbeterde - uiterwaarden langs de Afgedamde Maas zijn nog
schitterend, ook al is de rivier zelf er niet erg actief meer.
Landschappelijk buitengewoon aantrekkelijk is de omgeving
van Loevestein, het markante slot, dat ver in de omtrek te
zien is. Elders langs de rivieren zijn nog wel meer van zulke

landschapverfraaiende bouwwerken, zoals de toren van Bommel
en het kasteel Doorwerth.

Vanaf de dijk overzie je behalve uiterwaarden, grienden
en de rivier ook heel wat van de bewoonde wereld. De meeste
huizen zijn te vinden in de buurt van de dijken, soms als een
langgerekte lintbebouwing van dijkhuizen, elders als een paar
evenwijdige straten op een brede oeverwal. Die straten hebben
dan meestal ook een naam als Voorstraat of Achterweg. Beesd
langs de Linge is daar een goed voorbeeld van: daar zijn
drie evenwijdige straten.

In het oosten, met name in de Overbetuwe en het Land van
Maas en Waal, zijn ook in het 'binnenland' veel stroomruggen,
met daarop dorpen, gehuchten en bouwlanden. De Tieler- en
Bommelerwaard daarentegen zijn vanouds vooral langs de randen
bewoond; pas sinds kort is door ruilverkavelingen het centrale
komgrondengebied gecultiveerd. Daarin zijn enkele resten
van het vroegere landschap (eendenkooien, griend en schraalland) als reservaat intact gebleven, temidden van een strak stelsel
van nieuwe sloten en rechte wegen, met hier en daar een grote
nieuwe boerderij, gebouwd naar de eisen van de tijd. Vergelijk
dat eens met het polderland van de Alblasserwaard en de
Vijfheerenlanden. Ga daartoe langs de Giessen, over de Diefdijk
of door Hei- en Boeicop, ook allemaal delen van het rivierenland, die eens in cultuur zijn gebracht. In deze heel wat
vriendelijker streek is bijna alles weiland. Alleen de moeilijkst
te ontwateren stukken kregen een bestemming als boezemland,
bij voorbeeld dat van de Zouwe bij Ameide, als eendenkooi
of griend. Een mooi griendcomplex is te zien langs de Bolgerijse
Kade in de Vijfheerenlanden, ten zuiden van Vianen. Het
wordt beheerd door de Stichting Het Zuid-Hollands Landschap,
die er ook een wandelroute heeft uitgezet.

Bovenste foto: Oeverafslag
Middelste foto: Stuw bij Sambeek met twee ankerkuilvissers
Onderste foto: Sluis bij Maasbracht tussen het Julianakanaal en de Maas
Rechts: De Maas bij Kessel

114

Langs de Limburgse Maas

Op bladzijde 14 is al verteld dat de Maas in Limburg door een terrassenlandschap stroomt en dat ze momenteel gebruik maakt van een in het laagterras uitgeschuurd dal. Na de vorming van dat dal is de rivier rustiger geworden en heeft een groot deel ervan weer opgevuld met afzettingen die nu zo hoog reiken dat de Maas ze niet meer kan overstromen. De vaak nog zeer brede bedding in deze afzetting kan bij hoogwater helemaal door de rivier worden benut, maar meestal blijft het water in het smalle zomerbed. Het winterbed wordt gemiddeld maar een paar dagen per jaar gebruikt.

Dit winterbed wordt begrensd door de natuurlijke randen van de oudere afzettingen, maar hier en daar zijn ook delen van de jongere afzettingen als landbouwgrond in gebruik en met een dijk beveiligd. Er zijn dus wel dijken langs de Limburgse Maas, maar men vindt er geen gesloten bandijk zoals langs de rivieren in het laagland.

Precies honderd vijfenzestig kilometer stroomt de Maas door Limburg en al is het niet helemaal eerlijk om te zeggen dat er het dubbele aantal kilometers oeverlengte te verkennen is (de Maas is over dertig kilometer grensrivier met Brabant en over tweeënzestig kilometer grensrivier met België), toch zullen we die oevers in dit verhaal betrekken, want langs de Maas merk je nauwelijks iets van die grenzen. De Belgische douaniers geloven het wel. Een tocht langs de Belgische Maas-kant is daarom zo boeiend omdat die wel degelijk verschilt van 'onze' kant. Vlak langs de oever is het veel ruiger, omdat de weilanden niet, zoals aan de 'Hollandse' kant, tot aan de rivier lopen; de oever wordt dus niet kort gehouden. Op veel plaatsen merk je dat men in België niet zo sterk de drang voelt om elk stukje grond helemaal te benutten. Zo vormen hier en daar in het winterbed de graslanden nog heggenlandschappen, met heel veel onbegrijpelijk kleine weilandjes tussen oerwoud-achtig uitgegroeide heggen. Sommige van die weitjes zijn met populieren beplant, andere met fruitbomen, want water-overlast ondervindt men er niet meer. Je kunt in deze streek nog echte ontdekkingstochten maken, want de ontsluiting is er niet zo ver gevorderd als we in eigen land gewend zijn. Veel van het landschappelijk moois is er dan ook alleen lopend te bereiken.

Een overstapje van hier naar Nederland is in de zomer een eenvoudige zaak. Bij Borgharen wordt dan zo veel mogelijk water tegengehouden om het Julianakanaal op peil én fris te houden

en de grensrivier is dan op de meeste plaatsen maar een paar decimeter diep. Er vallen grote grindbanken droog, waartussendoor het weinige water als een bergbeek stroomt. De rivier is in die tijd gemakkelijk te doorwaden, al moet je daarbij wel goed uitkijken, want het grind en de keien zijn spekglad. De Nederlandse Maaskant, van de rest van de wereld afgesloten door het Julianakanaal, is op veel plekken ook zo'n vergeten gebied en bijgevolg erg rustig. Er liggen nogal wat grotere en kleine plaatsen, die nu geen van alle meer iets met de Maas van doen hebben. Waar de rivier een royale bocht naar links maakt, is meestal een uitgestrekt weidegebied, verfraaid door een afwisselende beplanting van bomen en heggen, maar vooral door een sterk reliëf. Dat laatste is te danken aan oude rivierlopen, die bijna allemaal droog zijn; slechts hier en daar is nog een waterplas of stroomt er nu een beekje doorheen. Van Maasbracht tot voorbij Roermond is van de Maasvallei niet veel meer over dan water als gevolg van de intensieve zand- en grindgraverij. Voor beoefenaars van de watersport een ideaal oord, maar landschappelijk minder attractief, omdat het er allemaal nog zo pas gegraven uitziet en het graafwerk er nog overal doorgaat. Bij al dat gegraaf zijn de bochten van de Maas in het water gevallen. Om gave meanders te zien moeten we naar de Roer en de Swalm, die hier in de Maas uitmonden en die zich nog ongehinderd door het landschap slingeren. Helaas is het met de waterkwaliteit van deze zijrivieren droevig gesteld.

Voorbij Neer is de Maas minder bochtig. Ze stroomt door een betrekkelijk smal dal in het laagterras, waarvan even verderop bij Kessel de randen elkaar zo dicht naderen, dat men spreekt van de Poort van Kessel. Kessel en zijn nu tot ruïne vervallen burcht zijn dan ook hoog boven de Maas gebouwd en men heeft vandaar een groots vergezicht over de rivier.

Venlo is van alle Limburgse Maassteden altijd het meest met de rivier verbonden geweest. Het handelsverkeer kwam vroeger gewoonlijk niet verder stroomopwaarts, omdat de Maas daar erg moeilijk te bevaren was en omdat Venlo bovendien stapelrechten had.

Hier in Noord-Limburg liggen vaak kilometers van de rivier verwijderd oude Maaslopen, die eraan herinneren dat de Maas in de loop van de tijd nogal eens van plaats is veranderd. Deze langzaam verlandende dode armen hebben grote landschappelijke en botanische waarde. Op de rechteroever vinden we tot Gennep een bijna aaneengesloten keten van oude rivierduinen. Op de meeste plaatsen zijn die met bos beplant, maar hier en daar groeit nog hei. De mooiste daarvan is die van het natuurreservaat De Hamert onder Well. Beide kanten van de Maas zijn hier even boeiend en afwisselend. Soms nadert de zwak kronkelende rivier een van de hogere oevers; in de binnenbocht aan de overkant liggen dan uitgestrekte laaggelegen weilanden, die steeds meer het karakter van het heggenlandschap krijgen, zoals dat voorbij Vierlingsbeek in volle glorie te bewonderen is. Vandaar af is er tot Cuyk een overal ongeveer twee kilometer brede strook weilanden, waarin de rivier regelmatig van de ene kant naar de andere kronkelt, zodat de breedte van de strook weilanden telkens varieert. Vanaf de brug bij Gennep is dit heggenlandschap goed te overzien, maar er lopen ook genoeg weggetjes doorheen voor een kennismaking van dichtbij.

Grauwe bladzijden

Bedreigingen van alle kanten

Een overzicht van alles wat er mis is of dreigt mis te gaan met het rivierenlandschap, kan in dit boek niet ontbreken. Welbewust komt deze dreigende schaduw pas nu aan de orde, als besluit van een boek dat de vele mooie kanten van de rivier wil laten zien. Want wie deze grauwe bladzijden het eerst leest, zinkt meteen de moed in de schoenen, omdat hij zich niet kan voorstellen dat er aan de boorden van onze stromen nog steeds zoveel te bewonderen valt.

Dat het wel zo is, is hoogst verwonderlijk en een verklaring ervan kan alleen maar zijn dat het rivierengebied vanouds nog veel rijker is geweest. Dat wordt erg aannemelijk, als we nu kijken naar vergelijkbare benedenrivieren in minder 'ontwikkelde'

streken van de wereld, of als we ons aan de hand van oude beschrijvingen een beeld proberen te vormen van landschap, planten- en dierenwereld in de Rijndelta van een of meer eeuwen geleden. Die beschrijvingen zijn schaars, en meestal ook niet overduidelijk. De natuurliefhebbers in die tijd hoorden blijkbaar allemaal tot het type genieters dat niet de noodzaak inzag van het opsommen van lange soortenlijsten van planten en dieren, en nog minder van het tellen van de aantallen ervan.

Iets van die vroegere rijkdom kunnen we nog wel terugkrijgen. Een lichtend voorbeeld daarbij is de Thames, jarenlang een totaal verontreinigde, dode rivier, waarin nu, dank zij een streng doorgevoerd programma van schoonmaken en -hóuden, weer volop leven is. Natuurlijk liggen de problemen bij Rijn en Maas heel wat minder simpel, omdat beide internationale rivieren zijn. Voor het schoonhouden ervan zijn we vooral aangewezen op de goede wil van onze bovenstroomse buren. Maar met veel en diplomatiek overleg moet toch iets te bereiken zijn, vooral als we zelf het goede voorbeeld gaan geven.

Veel aantastingen van het rivierengebied zijn echter zo ingrijpend geweest dat ze niet meer ongedaan kunnen worden gemaakt. Maar zoals dit boek liet zien, en zoals u zelf ter plaatse kunt zien, is er gelukkig ook nog heel veel waardevols gebleven. Omdat tot voor kort de 'vooruitgang' nog goeddeels voorbijging aan het geïsoleerde rivierengebied, heeft dat verschijnsel er gelukkig ook nog niet zo sterk zijn indrukken achtergelaten. Maar het fenomeen rukt nu op en vormt ook hier steeds meer een bedreiging van natuur en

Linksboven: De brug bij Tiel in aanbouw
Geheel links: Deze twee foto's van de Maasoever bij Kessel zijn van hetzelfde standpunt genomen in 1973 en 1974. Door de ingreep verdween onder andere een kolonie oeverzwaluwen
Hieronder: Uiterwaarden van de Waal bij Nijmegen met elektriciteitscentrale

landschap. Alleen begrip van de geweldige waarde van het Nederlandse rivierengebied als geheel, met de verschillende elementen als de rivier, de uiterwaarden en dijken, strangen en grienden, stroomruggen en kommen, maakt het mogelijk de juiste beslissingen te nemen bij allerlei ingrepen in dit harmonische landschap.

Sommige van die maatregelen zijn nodig in het belang van de streekbewoners. Ruilverkavelingen schijnen bij voorbeeld onvermijdelijk, maar in dit kleinschalige landschap is daardoor al veel onvervangbaars verloren gegaan. Bij de nog uit te voeren verkavelingen is het daarom des te noodzakelijker de belangrijkste landschapselementen intact te houden en ze zo nodig zelfs te restaureren.

De meeste bedreigingen gaan echter uit van de dichtbevolkte streken 'boven en beneden de rivieren'. Ze leiden tot doorsnijding van deze open ruimte met landschapsontsierende zaken als hoogspanningsleidingen, wegen en bruggen. Zulke bruggen hebben, hoe fraai ze technisch gezien ook mogen zijn, vooral als nadeel de ongewenste groei van woonkernen in het rivierengebied. Geplande rivierkruisende noord-zuid-verbindingen staan dan ook opnieuw ter discussie. Een van de eerste resultaten van deze herwaardering is de twijfel aan de wenselijkheid van het 'drie-bruggen-tracé', waarvan de Waalbrug bij Tiel de middelste is. De twee andere bruggen zullen er waarschijnlijk niet komen, omdat daarvan een te sterke bevolkingsgroei in het rivierengebied het gevolg zou zijn.

Ook allerlei andere plannen, zoals die voor recreatieprojecten, energiecentrales, dijkverzwaringen, bochtafsnijdingen en andere werken aan de vaarweg, worden gelukkig steeds kritischer bekeken. Voor veel van deze plannen zou een opnieuw afwegen van het voor en tegen heel nuttig zijn: enerzijds hebben we de laatste jaren duidelijk geleerd dat er grenzen in zicht zijn (,,De wereld van voor de energiecrisis komt nooit meer terug"), terwijl anderzijds de waarde van evenwichtige landschappen als het rivierengebied gelukkig door steeds meer mensen beseft wordt.

Watervervuiling

De ontstellende vervuiling van de Rijn is een direct gevolg
van het grote aantal mensen dat langs de oevers woont,
en van hun industriële bedrijvigheid. Een in zekere zin gelukkige
omstandigheid is daarbij dat steeds meer van deze mensen
voor hun drinkwatervoorziening op diezelfde Rijn zijn aangewezen. Het zijn dan ook vooral de waterleidingbedrijven
hier en in Duitsland, die het sterkst aandringen op het schoonmaken en schoonhouden van de Rijn, en momenteel het meest
nauwlettend in de gaten houden wat er allemaal aan afval zit
in het water waarvan voor twintig miljoen mensen drinkwater
moet worden gemaakt.
De oudste vorm van verontreiniging is ongetwijfeld die met
huishoudelijk afvalwater. Dat is al eeuwenlang op de rivier
geloosd zonder dat daar grote problemen uit voortkwamen.
Dit organische afval wordt in het water gemakkelijk afgebroken
en onschadelijk gemaakt door bacteriën, die daarvoor alleen
maar zuurstof nodig hebben. Maar vanaf het eind van de
vorige eeuw verliep dat niet meer probleemloos: de hoeveelheid
afval was toen te groot geworden. Het 'zelfreinigend vermogen'
van het rivierwater was niet meer in staat al het vuil te verwerken, met als gevolg een sterke toename van zwevende afval,
herkenbaar aan een vieze kleur en een even onplezierige geur
van het water. Daarmee gepaard ging een sterke daling
van het zuurstofgehalte, waardoor het leven voor veel waterdieren onmogelijk werd. Vooral in de zomer, als de grote stroom
van afval onverminderd wordt uitgestort in een vaak zeer
kleine hoeveelheid water, leidt dit meestal tot volkomen
'dood water'.
Gelukkig wordt algemeen ingezien dat dit een onaanvaardbare

toestand is, alleen op te lossen door zuivering van rioolwater.
Zowel in Duitsland als bij ons zijn een hele reeks waterzuiverings-
installaties gepland, in aanbouw en deels al gereed, waardoor
in 1985 nagenoeg geen ongezuiverd afvalwater meer op de
rivieren zal worden geloosd. Dat is een verheugend vooruitzicht:
het water zal er weer schoner uitzien en ook zuurstofrijker zijn.
Maar deze installaties doen alleen iets tegen de gemakkelijk
afbreekbare stoffen, een hele reeks andere schadelijke bestand-
delen, meest van industriële herkomst, kan er niet mee
uit het water worden gehaald.
De meest opvallende verontreiniging daarvan is wel het zout,
waarvan de Rijn bij Lobith elke seconde 350 kilo aanvoert.
Dat maakt het voor de waterleidingbedrijven zeer moeilijk
goed drinkwater uit de Rijn te maken, en vooral veroorzaakt
deze zoutbelasting grote schade aan veeteelt en land- en
tuinbouw. In een aanzienlijk deel van het land worden de
binnenwateren namelijk doorgespoeld met zoet rivierwater
ter bestrijding van de verzilting vanuit zee. Maar het Rijnwater
is eigenlijk ook al te zout om deze methode toe te passen.
Sommige tuinbouwgewassen reageren erop door een geringere
opbrengst.
Het grootste deel van het zout is afkomstig van Franse kali-
mijnen en soda-industrieën, terwijl een kleinere bijdrage wordt
geleverd door water dat in Duitsland uit de mijnen wordt
gepompt om die droog te houden. Natuurlijk zijn maatregelen
ter beperking van deze zoutlozingen bij de 'bron' heel
wat goedkoper dan de maatregelen die in Nederland moeten
worden getroffen om de schade te beperken. Het vervelende is
alleen dat het geld in het eerste geval uit een Franse, in het tweede
uit een Nederlandse zak moet komen. De geweldige problemen
die zich voordoen bij het vinden van een aanvaardbare oplossing
laten zien hoe moeilijk Europa te verenigen is.
Dit zout en ook in het water opgeloste meststoffen als fosfaten
en nitraten, zijn voor de waterleidingbedrijven een voortdurende zorg. Maar daarnaast is er nog een hele reeks andere
moeilijk afbreekbare stoffen, zoals koper, lood, kwik en
cadmium, fenol en diverse bestrijdingsmiddelen. De concen-
traties waarin die in het water voorkomen, worden uitgedrukt in
microgrammen per liter, maar ook in die hoeveelheden
kunnen ze een ernstige bedreiging voor de volksgezondheid
vormen, om van het welzijn van andere organismen nog maar
te zwijgen.
Bij het sinds enkele jaren pas goed op gang gekomen overleg
tussen de Rijnoeverstaten krijgen behalve de zoutlozing ook

deze schadelijke stoffen aandacht. Ze zijn naar hun schadelijkheid voor de volksgezondheid ingedeeld in drie groepen, die als de zwarte, de grijze en de beige lijst bekend staan. Volgens de laatste overeenkomsten moet er begonnen worden met de registratie van bedrijven die enkele van de zwarte-lijststoffen lozen (kwik en cadmium). Om tot een goede aanpak van alle verontreiniging te komen, zullen vanzelfsprekend uiteindelijk álle lozingen moeten worden geregistreerd. Maar bij de uitvoering van deze eerste registratie van twee zeer gevaarlijke stoffen ondervindt men al grote moeilijkheden, omdat daardoor de belangen van de industrie geschaad dreigen te worden. Er zal dan ook nog wel heel wat overleg moeten worden gepleegd, voordat door wijziging in het produktieproces of op andere manieren de lozing van álle gevaarlijke stoffen kan worden voorkomen. En er zal vooral een flinke mentaliteitsverandering nodig zijn, voordat iedereen ervan doordrongen is dat er behalve industriële belangen nog andere, en grotere, belangen zijn.

Thermische verontreiniging is de schone naam voor een ander bedenkelijk soort watervervuiling, de opwarming van het oppervlaktewater door koelwater, voornamelijk afkomstig van elektrische centrales. Bij het veranderen van brandstof in elektriciteit gaat tweederde deel van de energie als warmte verloren. Die warmte verdwijnt deels door de schoorsteen, maar het meeste wordt afgevoerd via het koelwater, dat bij voorkeur in stromend water wordt geloosd.

Omdat de centrales zo verschrikkelijk groot zijn en bovendien talrijk, slagen ze erin niet alleen het water in de buurt van de fabriek op te warmen, maar zelfs de hele rivier een paar graden warmer te maken. Kerncentrales bieden wat dit betreft helemaal geen oplossing, want die produceren naar verhouding nog meer afvalwarmte. En bovendien vergroten ze de radioactiviteit in het milieu zodanig dat lang niet alle deskundigen het meer aanvaardbaar vinden. Maar zelfs als die deskundigen hun twijfels op onze politici kunnen overdragen, moet er nog overlegd worden met onze bovenstroomse buren; en de problemen over een in wezen zo simpele zaak als de zoutlozingen laten zien dat dergelijk overleg niet zo glad verloopt. Om terug te komen op de temperatuurverhoging van het water, die heeft vooral een nadelige invloed op het zuurstofgehalte en daarmee op bepaalde organismen die het er anders nog net zouden redden. Ook de opwarming zelf is vooral in de zomer voor veel waterdieren schadelijk, al weten we maar weinig van de temperaturen die nog 'aanvaardbaar' zijn.

Van een aantal vissen is wel bekend bij welke maximumtemperatuur ze dood gaan, maar voor de organismen zijn juist de warmtegraden van belang waarbij ze 'zich nog prettig voelen en gewoon doen', en die liggen meestal een heel stuk lager. Biologen stellen daarom als veilig toelaatbaar een maximum van 21 graden C, met als extra voorwaarde dat het geloosde koelwater na menging niet meer dan drie graden warmer mag zijn dan het 'ontvangende' water.

Om de temperatuur van de Rijn niet verder te laten oplopen hebben de oeverstaten trouwens al - vrijblijvende - afspraken gemaakt. Daarbij was men het erover eens dat nieuwe centrales in elk geval moeten beschikken over een ander koelsysteem waarvan ze gebruik kunnen maken in de zomer, wanneer het Rijnwater al te warm dreigt te worden. Zo'n ander systeem is de koeltoren, een monsterachtig gevaarte van honderd meter hoog, dat noch langs de rivier noch elders het landschap zal verfraaien en daarom ook moeilijk als een afdoende oplossing kan worden beschouwd. Het enige dat werkelijk helpt, is matiging van het energieverbruik. En daarbij moeten we niet alleen denken aan matiging van het eigen directe gebruik, maar ook van onze behoeften aan allerlei andere produkten, voor de vervaardiging waarvan energie wordt gebruikt en water wordt vervuild. Vermindering van de vraag is namelijk de enige directe invloed die de verbruiker heeft op de industriële produktie. En denk vooral niet dat kleine beetjes niet zullen helpen: kijk maar naar de Rijn, de vervuiling daarvan gebeurt ook bij beetjes.

In 1973 is door de Vereniging Milieudefensie de 'Rijn Nota' uitgegeven, waarin u uitvoeriger informatie vindt.

Dijkverzwaringen

Als reactie op de watersnoodramp van februari 1953 kwam
de Deltawet, waarbij verbetering van alle zeewaterkeringen
werd geregeld. De rivierdijken vallen ook onder deze wet
voor zover ze nog te maken hebben met door stormvloed-
standen op zee veroorzaakte verhogingen van de waterstand
op de rivier. Er werd echter ook een onderzoek gedaan
naar de veiligheid van de overige rivierdijken. Natuurlijk kun je
achter dijken nooit absoluut veilig wonen. Veiligheid betekent
in dit verband alleen een zo klein mogelijke kans op overstromingen. Deskundigen van Rijkswaterstaat kunnen nauwkeurig uitrekenen hoe groot de kans op een bepaalde waterhoogte is, zodat ze voor een bepaalde dijkhoogte ook kunnen
aangeven hoe groot de kans is dat het water er toch nog eens
overheen komt.

Voor de zeedijken is na afweging van alle belangen besloten
als uitgangspunt bij de dijkverhogingen een waterhoogte
te nemen, die maar eenmaal in de 10.000 jaar voorkomt.
Bij het vaststellen van richtlijnen voor de hoogte van rivierdijken
is Rijkswaterstaat uitgegaan van een nagenoeg even klein
risico, een waterstand die maar eens in de 3300 jaar voorkomt.
Zo'n kwade kans doet zich voor als de waterafvoer bij Lobith
per seconde 18.000 m³ is, dat is acht keer zoveel als de normale
afvoer en ook nog een flinke slok meer dan de tot nu toe
gemeten hoogste afvoer van 12.400 m³ per seconde in 1926.
Voor alle dijkvakken langs Waal, Rijn en IJssel zijn de water-
hoogten vastgesteld die behoren bij deze maatgevende afvoer
van 18.000 m³ per seconde. In de komende jaren zullen
honderden kilometers rivierdijk moeten worden gebracht

op dit peil, dat 'voor alle veiligheid' nog een halve meter
hoger is gesteld. Hoger maken alleen is overigens niet
voldoende: de dijk moet vooral zwaar en sterk genoeg zijn
om de enorme waterdruk te kunnen weerstaan. Daarom zijn
er ook richtlijnen gegeven voor de breedte van de kruin,
de helling van het talud en de te gebruiken materialen.
Volgens deze normen moeten verder alle kolken en wateren
tot op tenminste dertig meter uit de teen van de dijk gedempt
worden, en dienen gebouwen, die in of nabij de dijk aanwezig
zijn, volledig te worden 'verwijderd'. Ook moet de dijk tot op
vier meter uit de teen vrij zijn van beplanting.
Wie in 1970 gezien heeft welke bedreiging het toen toch helemaal
niet zo buitenissig hoge Waalwater op sommige plaatsen
vormde, zal begrijpen dat enige dijkverbetering hier en daar
zeker gewenst is. Wie het landschap langs de rivieren kent
en waardeert, zal echter ook onmiddellijk begrijpen hoe
catastrofaal een dergelijke grootscheepse dijkverbetering volgens

algemene richtlijnen is. De waterkeringen zullen door deze radicale en uniforme aanpak overal even saai worden en in niets meer herinneren aan de huidige dijken, die van plaats tot plaats een heel verschillend beheer en een andere - bewogen - geschiedenis hebben en daar ook heel duidelijk de sporen van dragen. Hierdoor zijn deze dijken landschappelijk, botanisch en vooral ook historisch zeer waardevol, niet alleen in de ogen van toeristen en wetenschapsmensen, maar ook voor de streekbewoners.

Grote problemen gaan zich voordoen als de 1500 woningen zullen moeten worden 'verwijderd'. Erg nieuw zijn de meeste van die huizen niet, en zelfs het wat dubbelzinnige predikaat schilderachtig is er niet steeds op van toepassing. Toch is het voor veel bewoners van een dijkhuisje meestal erg moeilijk om dat te verwisselen voor een keurig nieuwbouwhuis in een rijtje. Voor veel dijkdorpen, die vanouds op en tegen de dijk aan zijn gebouwd, zodat het hele dorp letterlijk met de dijk vergroeid is, betekent een rigoureuze dijkverzwaring niet minder dan een complete aardverschuiving, met grote sociale en planologische problemen. Die moeten op korte termijn worden opgelost, zodat er meestal weinig gelegenheid is rekening te houden met subtiele zaken als het dorps- en streekeigene. Landschappelijk en historisch is de verdwijning of verminking van deze in relatie met de dijk ontstane woonkernen een groot verlies.

Begin 1974 werd in de Tweede Kamer een motie aangenomen, waarin werd gevraagd bij de uitvoering van de dijkverzwaringen niet te streven naar technische perfectie, maar daarnaast grote waarde toe te kennen aan landschapsbescherming en natuurbehoud. Dit opent de mogelijkheid om bij het opstellen van nieuwe plannen er rekening mee te houden dat de rivierdijk meer is dan alleen waterkering. Om deze andere functies van de dijk recht te doen zullen veel meer nog dan nu het geval is de plaatselijke omstandigheden in de overwegingen betrokken moeten worden. Ook zal de bevolking een betere mogelijkheid moeten worden geboden tot meebeslissen.

Maar zo lang er vanuit moet worden gegaan dat verhoging en verzwaring van de rivierdijken noodzakelijk zijn, zal het landschap schade lijden. Natuur- en landschapsbeschermers dringen daarom ook aan op een nadere studie van deze noodzaak. Daarbij willen ze bovendien een nadere bezinning op de oude strijdvraag, of vergroting van de veiligheid alleen te verkrijgen is door verhoging van de dijken. Zijn er geen mogelijkheden om het winterbed te vergroten? Is er al eens nagerekend of de kwalijke gevolgen van om de paar honderd jaar optredende hoge waterstanden niet kunnen worden bezworen door enkele overlaatsystemen? Bij een goede organisatie hoeven er geen mensenlevens in gevaar te komen, want de waterstanden op de rivier zijn immers dagen van tevoren nauwkeurig te voorspellen. Zo'n in goede banen geleide rivieroverloop brengt dus alleen materiële schade, als de overlaat tenminste ooit nodig is. En die schade kan gemakkelijk worden gefinancierd uit de grote bedragen die anders voor algehele verzwaring nodig zijn. Een dergelijke veilige, goedkopere en landschapsvriendelijke oplossing verdient zeker een nadere studie.

Onder links: Recreatie langs de Limburgse Maas
Onder rechts: Vuilnisstort in de uiterwaard
Geheel rechts: Uiterwaarden bij Ochten

122

Herwaardering van de uiterwaarden

In dit boek is op verschillende plaatsen benadrukt dat het rivierenlandschap niet ophoudt bij de bandijk, maar dat ook het landschap binnendijks nauw met de rivier is verbonden. Toch verdienen de uiterwaarden wel heel speciale aandacht. Op het ogenblik wordt de menselijke activiteit er alleen beperkt door de regelmatige rivierinvloed en door de bepalingen van de Rivierenwet, die voornamelijk de belangen van water-afvoer en scheepvaart regelt. De landschappelijke en natuur-wetenschappelijke waarden van de in totaal 38.000 hectaren uiterwaard langs Rijn, Waal, Maas en IJssel zijn echter zo groot dat er best een wet zou mogen komen om ook die belangen te behartigen. Kortgeleden zijn de resultaten ge-publiceerd van een uitgebreide milieukartering en waardering van alle uiterwaarden. Daaruit is duidelijk naar voren gekomen welke uiterwaarden het meest waardevol zijn en waarom dat zo is. De resultaten van dit onderzoek vormen een goede basis voor een totaalbeleid ten aanzien van het hele uiterwaarden-gebied. Een beleid, gericht op een zo goed mogelijk behoud van dit landschap, is hard nodig om het te beschermen tegen een groot aantal veelsoortige bedreigingen, waarvan we hier alleen de voornaamste de revue laten passeren. Er zijn zelfs in deze tijd nog gemeenten die voor het deponeren van huisvuil geen betere plek weten dan een wiel of plas in de uiterwaard. Zo'n stortplaats kan meestal extra lang worden gebruikt, omdat bij hoogwater veel rommel wegdrijft. Ook op het gebied van de recreatie doen zich nogal eens ongewenste ontwikkelingen voor. Caravanstandplaatsen in de uiterwaard verstoren tot kilometers in de omtrek het landschaps-beeld. Dat komt vooral omdat caravans altijd wit schijnen te moeten zijn en tenten oranje, terwijl ingevolge de Rivierenwet in de uiterwaarden geen beplanting is toegestaan om de zaak aan het oog te onttrekken. Extra bezwaarlijk is de recreatie in de uiterwaarden omdat de verpozing zoekende mensen een voorkeur hebben voor het zand van rivierduintjes, en dat zijn nu juist heel zeldzaam geworden landschapselementen, die niet bestand zijn tegen veelvuldige betreding. Om het rivieren-landschap ook op lange termijn voor alle soorten recreanten interessant te houden, zouden de verschillende provincies er bij hun beleid naar moeten streven de uiterwaarden in elk geval vrij te houden van campings. Binnendijks is er nog wel plaats, met meer mogelijkheden tot camouflage en vaak ook betere gelegenheid voor oever- en waterrecreatie. De grote behoefte aan klei, zand en grind geeft eveneens problemen. De wensen van de klei-industrie zijn daarbij nog het meest bescheiden. Per jaar heeft die vier miljoen kubieke meter klei nodig, en omdat deze grondstof nergens in dikke lagen aanwezig is, moeten er nogal wat terreinen voor worden afgegraven. Oude kleiputten zijn op verschillende plaatsen zeer waardevolle elementen in het landschap, maar dat wil nog niet zeggen dat daarmee elke nieuwe put meteen een aanwinst is: vaak moet er een aantrekkelijke uiter-waard voor worden opgeofferd. Overigens gebeurt het graven van klei voor de baksteenindustrie zonder veel overleg. Een nauwkeurige inventarisatie van de beschikbare voorraden is er niet, zodat ook niet bekend is hoe lang het aftichelen nog kan doorgaan. Vaak bestaat de neiging om na het verwijderen van de klei ook het eronder liggende zand weg te graven. Zo'n diepe zand-put is een ontsierend litteken in het landschap. Ook bij een goede afwerking van de oevers blijft het meestal een vervelende

plas. Bovendien trekt zo'n plas vaak weer recreanten aan op plaatsen waar dat wellicht niet gewenst is. De meeste grote zand- en grindwinningen langs IJssel en Maas worden trouwens opgezet als recreatieproject, ook al is het met name voor Limburg niet erg waarschijnlijk dat de recreanten daar behoefte hebben aan nog méér water. Doorgaan met het graven van zand- en grindputten betekent daar dan ook alleen maar verlies van hoog geschatte landschappen, zonder dat er iets voor in de plaats komt waar iemand op zit te wachten.

Ook deze grootscheepse winningen van zand en grind kunnen niet eindeloos doorgaan, want de voorraden in de bodem zijn evenmin onuitputtelijk. Bij het beleid zou deze in zicht komende grens best wat meer aandacht mogen krijgen.

Industriële activiteiten zijn in de uiterwaard tot nu toe beperkt gebleven tot de steenfabrieken en de daaruit voortgekomen betonindustrie en enkele scheepswerven. Andere industrieën zijn er gelukkig niet, al is bij Haaften wel een grote uiterwaard veranderd in een al jarenlang leegstaand industrieterrein.

De enige fabrieken die blijkbaar wel in de uiterwaard gebouwd mogen worden, zijn elektriciteitsbedrijven, zoals bij Nijmegen en Dodewaard. Nog afgezien van het koelwatervraagstuk en de specifieke problemen van kerncentrales zijn dergelijke fabrieken en de ermee verbonden hoogspanningsleidingenwirwar ook landschappelijk volkomen onaanvaardbaar. Het is helemaal niet zo vanzelfsprekend dat, wanneer er nog centrales bij moeten komen, het rivierenland daarvoor de beste plek is. Dat de rivierstreek niet alles over zich heen hoeft te laten gaan, kan men zien in de gemeente Rossum: aan de noord- oever van de Waal staat daar al een paar jaar een rij hoog- spanningsmasten klaar, maar de voortzetting ervan over de rivier op het gebied van Rossum komt niet van de grond, omdat die gemeente er nog niet van overtuigd is dat het voor haar bestwil is.

De ernstigste bedreigingen voor het op de meeste plaatsen nog zo harmonische uiterwaardengebied zijn wel de verbeterings- werken aan de rivier. De Waalbochtafsnijdingen in de Ooijpolder bij Nijmegen hebben de laatste jaren zoveel aandacht en kritiek gekregen dat een commissie alles opnieuw aan het afwegen is. Ook hier is het eigenlijk weer een zaak van grenzen: hoe ver moet men doorgaan met stroomlijning van de vaargeul? Weegt het te verwachten voordeel ervan wel op tegen de kosten en tegen het niet in geld te waarderen verlies van steeds zeld- zamer wordende landschappen en natuurgebieden?

Intussen wordt er elders nog heel wat aan de rivieren verbeterd zonder dat er een storm van protest losbarst. Langs IJssel en Maas worden op de meeste plaatsen de kribben vervangen door een gestrekte oever met stortsteen. Het landschap wordt er niet mooier op, maar zo'n nivellering betekent vooral weer een verkleining van de levensmogelijkheden voor allerlei waterdieren.

De IJssel is in de laatste jaren weer een paar bochten armer geworden en dreigt er nog meer te verliezen. En in Limburg is langs de Maas ook nog wel wat te verbeteren: tussen Gennep en de stuw bij Sambeek vormt de rivier nog een grootse dubbele kronkel door het heggenlandschap. Al in de jaren vijftig is besloten deze bocht af te snijden, maar omdat de urgentie niet groot was, is met het werk gewacht totdat zich een goede gelegenheid voordeed om 'werk met werk te maken', zoals dat een goede gewoonte is in wegen- en waterbouw. Dat betekent dat, wanneer ergens zand weggehaald moet worden, er een ander werk in de buurt dient te zijn waarvoor dat zand nodig is. Eén ingreep komt dus nooit alleen. Een bezwaar van deze werkwijze is vooral dat het door deze verstrengeling veel moeilijker wordt te oordelen over de noodzaak van de afzonder- lijke ingrepen. Het zand dat zal vrijkomen bij deze Maas- bochtafsnijding is nu bestemd voor de rijkswegen 73 en 77, die in de buurt van Gennep het landschap langs de Maas gaan doorsnijden. Over de nodzaak van die wegen wordt momenteel druk gediscussieerd. Het zou erg nuttig zijn als ook nog eens werd bezien hoe nodig de bochtafsnijding zelf is.

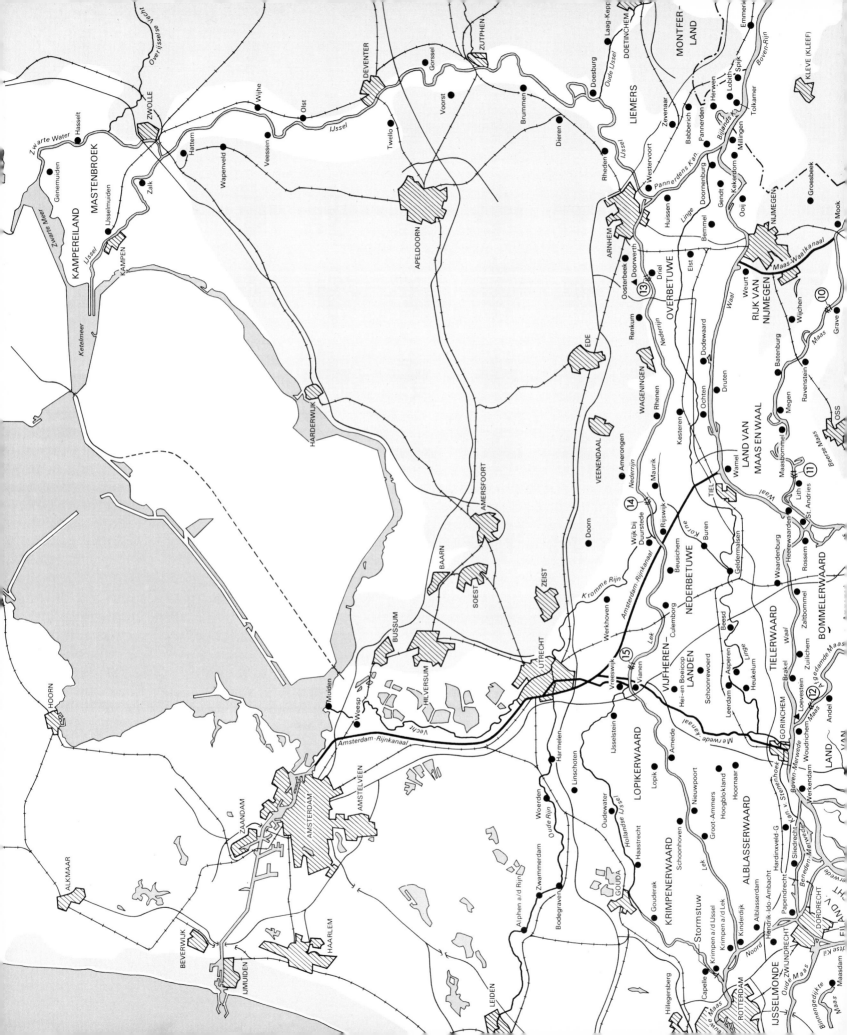

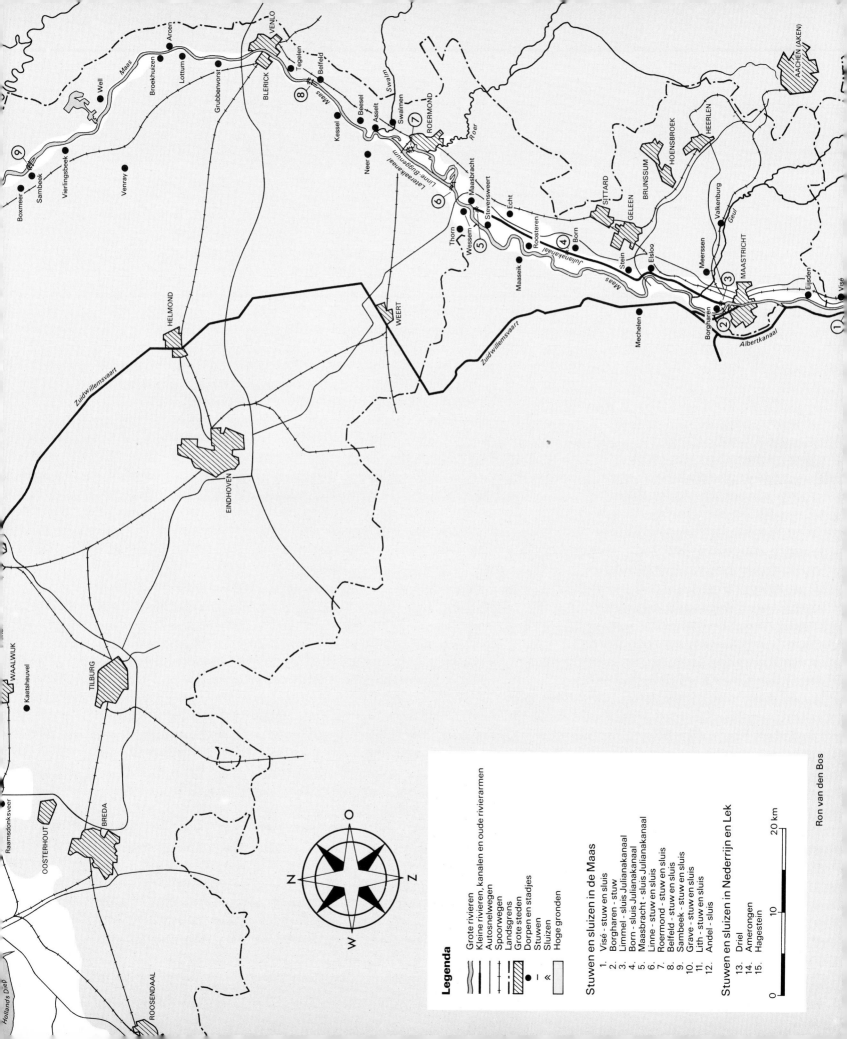

Legenda

〰	Grote rivieren
│	Kleine rivieren, kanalen en oude rivierarmen
┼┼┼	Autosnelwegen
·─·─·	Spoorwegen
┼┼┼	Landsgrens
●	Grote steden
●	Dorpen en stadjes
─	Stuwen
≪	Sluizen
▭	Hoge gronden

Stuwen en sluizen in de Maas

1. Visé - stuw en sluis
2. Borgharen - stuw
3. Limmel - sluis Julianakanaal
4. Born - sluis Julianakanaal
5. Maasbracht - sluis Julianakanaal
6. Linne - stuw en sluis
7. Roermond - stuw en sluis
8. Belfeld - stuw en sluis
9. Sambeek - stuw en sluis
10. Grave - stuw en sluis
11. Lith - stuw en sluis
12. Andel - sluis

Stuwen en sluizen in Nederrijn en Lek

13. Driel
14. Amerongen
15. Hagestein

Ron van den Bos

0   10   20 km

Register

De cursieve cijfers hebben betrekking op afbeeldingen, de overige cijfers op de tekst.